I will open
a home salon

はじめよう!
おうちサロン

自分もお客様も幸せになる
自宅サロン開業の教科書

赤井理香
Rika Akai

同文舘出版

はじめに

本書は、自分の持っている技術やアイデア、サービスを自宅で提供する「おうちサロン」を開業する方法について書きました。

今、ネイルやアロマトリートメントなどのサービスを提供したり、パンづくりやフラワーアレンジメントなど、自分の得意なことを教える女性が増えています。

自宅で仕事をすると言っても、内職などではなく、自らがオーナーとなって発信していくため、自由に自分を表現できる満足感や達成感など、たくさんのものを得ることができます。

・子育て中でも、働きながら、ライフスタイルに合わせてはじめることができる
・自宅を使うことで、ローコストで運営できる
・お客様が来ても来なくてもOKなので、気楽にスタートできる
・大手サロンとは違い、プライベートスペースならではの特別感、隠れ家的要素を演出できる
・好きなことが一緒のお客様に出会える
・定年退職がなく、年を取ることもメリットになる

……など、自分の好きなことを提供して、お客様に喜んでいただくことができ、大人に

なってからでも夢中になれて、自分自身を成長させてくれるおうちサロンの魅力をたっぷりとお伝えします。

私は、子どもの頃から人見知りで、自分を変えたいとの思いで高校時代にはじめたバイト先（某ハンバーガーショップ）では、「笑顔がない」「声が小さい」と言われてクビになるほどの極度のあがり症でした。

それでも今では、同じようなお悩みを持つ方の相談を受けたり、「おうちサロンをはじめたい」という方にノウハウをお伝えしたりと、たくさんの出会いがある、幸せな毎日を送らせていただいています。

おうちサロンをはじめなければ、出会えなかったであろう方たちとの素晴らしいご縁は、今の私にとって、他のものには代えがたい宝物です。

ただ、おうちサロンは「誰にでもできる」というメリットがある反面、「なかなか続かない」というデメリットもあります。実際、次々と新しいサロンが増える一方で、1年以内でやめる人が多いのも現状です。

本書では、営業経験ゼロで、飛び抜けた特技もない、「ごく普通の主婦」である私が、先輩に聞いたり、試行錯誤しながら見つけてきた「長く続けられるサロンづくり」についてお伝えしていきます。

私はサロン開業まで、幼児教育関係の仕事しかしたことがありませんでした。営業経験

やましてや経営に関わることもなかったのでわからないことも多く、他のサロンオーナー様よりもずっと遠回りしてきたと思います。

本書は、その頃の私と同じように、今まで営業や経営の経験がない方にも実践していただけるように、自分だけのコンセプト探しやメニューづくり、価格設定、集客方法など、サロン開業の準備から、おうちサロンの1日の流れ、アフターフォローまで、一つひとつのやり方をわかりやすい表現でお伝えすることを心がけました。

「おうちサロンをはじめたいと思ったら、とりあえずこの1冊があれば大体のことがわかる」という、"教科書"のような内容になっています。

・いつかは自宅でサロンをはじめたい！
・持っているスキルを生かしたい！
・たくさんの人に喜んでもらいたい！
・プライベートと仕事を幸せな形で両立したい！
・子育てが落ち着いて、これからは自己表現の場が欲しい！
・今運営しているサロンを、より魅力的なサロンにしたい！
・女性のお客様の心をつかむキーワードが知りたい！

これらのうち、どれかひとつでも当てはまる方には、きっと本書がお役に立てることと思います。

中には、「知っている」と思うようなことが書いてあるかもしれませんが、実は日々の

中で実践できていないことも多いものです。本書の一つひとつを実践したり、振り返ったりすることで、あなたらしいサロンをつくるきっかけにしてください。
この本を読んでくださった方が、何かひとつでも心に響くヒントを受け取ってくださったら、著者として、これ以上の喜びはありません。

それでは、いよいよワクワク、ドキドキの「おうちサロン」の扉を開けてみましょう！

赤井理香

『はじめよう！ おうちサロン 自分もお客様も幸せになる自宅サロン開業の教科書』目次

はじめに

part 1 「好き」が仕事になるおうちサロン

01 ライフスタイルに合わせた活動ができる …… 14
02 リスクが少ない …… 16
03 一番輝ける場所がそこにある …… 18
04 「好きなことが一緒」の人と出会える …… 20

part 2 どんなサロンにしたいかをイメージしよう

01 あなたの「好き」と「きらい」は何ですか？ …… 24

contents

part

3

魅力的なメニューづくりをしよう

01 メニューが選ばれる「理由」になる ……42

02 「A＋B＝C発想」でオリジナルメニューづくり ……44

03 ポイントは3つ以内にしよう ……46

04 サービスになくてはならないもの ……48

05 サービスに合う価格を考えよう ……50

06 お金はエネルギーのひとつ ……52

07 価格設定で迷ったときの「モニター価格」 ……54

02 あなたの長所は何ですか？ ……26

03 あなたの短所は何ですか？ ……28

04 あなただけの「ウリ」を見つけよう ……30

05 あなたのスキルは何ですか？ ……32

06 どんな人に来てほしい？ ……34

07 来てくれた人にどうなってほしい？ ……36

08 一番大切な「コンセプト」づくり ……38

contents

part 4 おうちサロンの事前準備

01 サロン名を決めよう……58
02 サロンを知っていただくために必要なこと……60
03 ブログやHPには何を載せるか……62
04 HPはプロにお願いするべき?……64
05 サロンに使う部屋を決めよう……66
06 コンセプトに合わせた部屋づくりをしよう……68
07 あると便利な隠し扉……70
08 最低限必要なものを揃えよう……72
09 サロン用の通帳は早めにつくろう……74
10 サロンをはじめるときに必要な届出……76

part 5 おうちサロンの一日 お問い合わせからアフターフォローまで

01 お問い合わせはご縁のはじまり……80

contents

part 6

お客様が思わず来たくなる！おうちサロンの集客方法

- 02 時には断る勇気も必要 …… 82
- 03 お問い合わせ時に伺うこと …… 84
- 04 ご予約確定時にお伝えすること …… 86
- 05 前日メールはうっかり＆ドタキャン防止に効果大 …… 88
- 06 「モノ」の準備と「ココロ」の準備 …… 90
- 07 お客様をお迎えする当日のチェックポイント …… 92
- 08 お客様がいらしたら …… 94
- 09 緊張したときの対処法 …… 96
- 10 別れ際の印象を大切に …… 98
- 11 終了後の3つのアクション …… 100
- 12 小さな約束を守る大切さ …… 102

- 01 おうちサロンの集客は「不安解消」が最優先 …… 106
- 02 料金は明確に表示する …… 108

contents

part 7 お客様に喜んで通い続けていただく方法

- 01 お客様のご感想をいただこう …… 126
- 02 ご感想の活用法 …… 128
- 03 女性客のクチコミが起きやすいサロンとは？ …… 130
- 04 敷居を低くして、「行きやすさ」をつくろう …… 132
- 05 お茶会を開こう …… 134
- 06 講座を開くという選択 …… 136

- 03 ブログやHPの「五感」活用法 …… 110
- 04 五感で伝えるサロンの魅力 …… 112
- 05 ビフォー・アフターを知らせよう …… 114
- 06 プロフィールに力を入れよう …… 116
- 07 自己開示が共感を呼ぶ …… 118
- 08 サロンを知っていただくいろいろな方法 …… 120
- 09 おうちサロンはどこまで準備が必要？ …… 122

contents

part

8

おうちサロンで気をつけなければいけないこと

01 おうちサロンの安全を考える …… 144
02 もし住んでいるところが「サロン活動禁止」だったら？ …… 146
03 量より質のおうちサロン …… 148
04 お客様からのクレーム対策 …… 150
05 忙しくなりすぎたときの対処法 …… 152
06 おうちサロン切り替え仕事術 …… 154
07 そこに時間をかけることは必要なこと？ …… 156
08 セルフメンテナンスでいつもベストコンディションに …… 158

07 お客様のファンになろう …… 138
08 どんな業種にも必要な「○○力」 …… 140

contents

part **9**

おうちサロンを続けていくために必要な心構え

01 うまくいかないと感じるときは一度立ち止まろう 162

02 「自分会議」を開こう 164

03 自分自身を受け入れよう 166

04 自然に良いお客様が集まってくる方法 168

05 「ありがとう」の気持ちを伝えよう 170

巻末付録

「おうちサロン成功のヒント」インタビュー

01 先輩に聞く！ 本格的な石鹸づくりが体験できる「ココハピ」
オーナー Asami☆さん 174

02 先輩に聞く！ アートとカラーのおうちサロン「月うさぎの家」
オーナー 齋藤真弓さん 176

03 先輩に聞く！ 芯から美しいを目指す「Body Deco Salon bloom」
オーナー 飯塚みどりさん 178

contents

04 先輩に聞く！ シェアサロン運営・ロミロミ＆リフレ「シェアプレジャー」
石倉里江子さん ……… 180

05 愛され続けるサロンとは？
「TCカラーセラピー」代表 中田哉子さん ……… 182

06 女性客に選ばれるオーナーとは？
恋愛アドバイザー 菊乃さん ……… 184

07 お客様に選ばれるコミュニケーションとは？
コミュニケーションデザイナー 吉田幸弘さん ……… 185

08 サロンオーナー成功の秘訣とは？
「夢を叶える宝地図」提唱者 望月俊孝さん ……… 186

おわりに──「大好き」を仕事にしよう！

イラスト
須山奈津希
カバー・本文デザイン、DTP
高橋明香
（おかっぱ製作所）

contents

part
1

「好き」が仕事になる
おうちサロン

lesson
01

ライフスタイルに合わせた活動ができる

おうちサロンの種類や勤務スタイルは、すべてオーナーである「自分」が決定します。そこには責任が伴いますが、自分のライフスタイルに合わせた活動を自由に選択することができるのは、大きな魅力です。

そのメリットは、小さなお子様がいらっしゃる方から平日は夜まで仕事という方まで、さまざまな状況の方が感じられると思います。

子育て中であれば、子どもが幼稚園から帰ってくるまでの間をサロンの活動時間にできますし、平日に会社勤めの方であれば、お休みの日や勤務終了後の時間をサロンの活動時間にするなど、ライフスタイルに合わせた活動ができます。

成功の形もさまざま

おうちサロンの成功は、必ずしも「予約がパンパン入って、私生活がないほど忙しく繁盛している」というわけではありません。

人によって「幸せな成功」の形は違います。「あくまでも子育て中心、でも自己表現の場も欲しい」と思っている方でしたら、子育てを楽しみながらプラスアルファで輝く場があることが成功になるでしょう。

「定年退職して、これからは社会貢献がしたい」と思っている方でしたら、収入は少なくても、必要としてくれる人たちがいることが成功になるのだと思います。

サロンを続けていくと、時には人と比べてしまって「これでよいのかな？」と思い、焦ってしまうこともあるかもしれません。そんなときは、自分がどんな形の「幸せな成功」を望んでいるかをイメージすると、自然と、どんな活動スタイルが一番ピッタリなのかが見えてきます。

ライフスタイルに合わせた、自分なりの「幸せな成功」を実現することこそ、おうちサロンの醍醐味です。

いろいろな活動スタイルでスタートできる！

美容系サロンのオーナーであり、
幼稚園児のママであるAさんの場合

↓

幼稚園のお迎え時間である4時までをサロンの活動時間とし、行事のときには仕事を入れないようにしている。

平日はフルでお仕事をされている
ヒーリングサロンのBさんの場合

↓

夜は会社帰りにカフェでタロットのカードリーディングをし、休日は自宅でセラピーや資格講座、セミナーを開講している。

小さなお子様を育てている
アート系サロンのCさんの場合

↓

子連れ限定サロンを開き、親子で楽しめるパステルアートのワークショップを開講したり、ランチ会を企画したりして、子育てママの交流の場を提供している。

POINT

おうちサロンなら、ライフスタイルに合わせた
さまざまな活動スタイルを選択することが可能！

lesson
02 リスクが少ない

店舗を構える場合、お客様が1人も来ない日も家賃がかかります。その点、自宅をサロンにした場合は自分も住んでいるので、特別なコストは発生しません。

実際にテナントなどの貸し店舗を借りることになると、スタート時には保証金として家賃の10倍程度を納める必要があったり、リフォーム代や家具代などがかかります。

毎月の経費としては賃貸料と水道光熱費、通信費の他、エレベーターなどがある場合は共益費が家賃の20〜30％かかるところが多いようです。

それらの経費を補うためには、スタート時からある程度の売上で、安定した集客が見込めなければ成功させることが難しくなります。

その点、自分が住んでいるところで開く「おうちサロン」でしたら、賃貸料などの経費がかからず、光熱費も生活する上でかかる費用プラスアルファの低費用で済みます。

サロンで使う道具も、店舗を借りる場合は一から買い揃える必要がありますが、おうちサロンであれば、自宅にあるものを使うことで初期費用を抑えることができます。

おうちサロンなら気楽にスタートできる

場所代がかかる場合は「1日に◯人はお客様が来てくれないとやっていけない」といったリスクがありますが、おうちサロンは自分次第で、たとえ1日1人だけのお客様だっていいのです。その気楽さも魅力のひとつです。

また、今勤めている会社を退職して、毎月の収入がゼロという状態での起業はリスクが高いですが、自分で勤務日を決められるおうちサロンであれば、両立も可能です。

切羽詰まった状態でスタートし、「何が何でも集客しなきゃ！」と焦ることなく、収入源は確保しながら、少しずつ軌道に乗せていきましょう。

リスクは最小限にしてスタートしよう！

（私の場合）

幼児教室の
講師としての
仕事

おうちサロンの
オーナーとしての
仕事

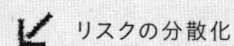

リスクの分散化

両方の仕事をかけもち

徐々にサロンでの
仕事は増え……
1年後

おうちサロン一本に！

POINT

お客様の有無にかかわらず、スタート時に一定の収入が確保されていることは大きな安心感になります。

lesson 03

一番輝ける場所が
そこにある

人は、自分のテリトリーが一番実力を発揮できると言われています。

サッカーなどのスポーツでも、ホームとアウェイでは、ホームのほうが実力を発揮しやすいと言われているのも、応援者の存在の他に、グラウンドや気候などの状況が「慣れている」という、場所の要素が大きいそうです。

男性は会社など「外」の場所をテリトリーとする傾向がありますが、女性は「内」の場所（住んでいるところ）をテリトリーとする傾向があります。つまり「家」は、女性にとって一番実力が発揮しやすい場なのです。

あなたの魅力を最大限に生かそう

また、外では見せない家での顔が垣間見えることも、おうちサロンの魅力です。

ある実験で、同じ講師が全く同じ内容の講義をし、1回目は何事もなく講義を終わらせ、2回目には水をこぼすシーンをわざと入れました。講義後のアンケートで講師に好感を抱いた人が多かったのは、圧倒的に後者の講義を受けた人だったそうです。

人の心理として、相手の「人間的な一面」に触れると好感を抱きやすくなると言われています。

もちろん、わざと失敗したり、努力をしないで失敗ばかり……というのではプラスの評価にはなりませんが、一生懸命やっていても、ポロッと「地」が出てしまいやすいおうちサロンだからこそ、隠しても隠しきれないあなたの「人間的な魅力」が伝わりやすいというメリットもあります。

そして何より、自分が自然体で過ごせる場でサービスを提供することによって、あなた自身のオーラが大きくなり、よりお客様にあなたの魅力が伝わりやすくなります。

これは、自分が安心して過ごせるテリトリーである「自宅」で、何かを教えたりサービスを提供することの大きなメリットです。

オーラが大きくなると魅力がUPする！

オーラが小さい状態

緊張

居心地の悪い
雰囲気

浅い呼吸

慣れていない
場所

オーラが小さくなると「神経質」になり、
周りの些細な言動が気になるようになる。

オーラが大きい状態

リラックス

居心地の良い
雰囲気

深い呼吸

慣れている
場所

オーラが大きくなると、「おおらか」になり、
小さなことが気にならなくなる。

→ 伸び伸びと実力を発揮でき、魅力的に！

lesson 04

「好きなことが一緒」の人と出会える

おうちサロンは1から10まであなたが自由にプロデュースできる場です。本当に自分の好きなこと、やっていて楽しいこと、ワクワクすることを仕事にすることで、それに共感してくれる人とのご縁ができます。

おうちサロンづくりは小さなコミュニティづくりと同じ。好きなことが一緒の仲間が集まる場を提供することで、好きなことが一緒の人と出会うことができます。

「好き」を共有すると毎日が充実する

また、初対面でも「好きなことが一緒」という共通点があると打ち解けやすくなります。

私は今、カラーセラピーや数秘学などを自宅でお伝えしています。サロンを開く前は、スピリチュアルなことを人に言うと変に思われるのではないか、

と思い、2〜3人の限られた友人以外には話していませんでした。

でも、それらが好きでワクワクする感覚は高まる一方でしたので、たとえ数人しかわかってくれる人がいなくてもいいから伝えたいと、サロンをオープンする決心をしました。

実際にサロンをオープンし、ブログで記事を更新していくと、「この話をわかってくれる人、好きな人はあまりいないかも？」と思っていたにもかかわらず、記事を見てご予約してくださる方が1人、また1人と増えていったのです。

自分の好きなことをオープンにして、好きなことに共感してくれる人たちが集まる場を提供したことで、「好きなことが一緒」の人たちとたくさん出会うことができました。

そのほとんどは、サロンをはじめなければ出会えなかったものなので、「あのときに勇気を出してよかった」と心から思います。感性の近い人たちと、心から楽しいと思える話題を共有できることに、日々感謝しています。

おうちサロンはメリットがいっぱい！

- ホームグラウンドだから実力を発揮しやすい
- 常に自宅をきれいに保てる
- ライフスタイルに合わせた活動
- 自分を高め続けられる
- 好きなことが一緒の人と出会える
- 定年退職がない
- リスクが少ない

おうちサロンのオーナーはたくさんの魅力がある仕事！

part
2

どんなサロンにしたいかを
イメージしよう

lesson 01

あなたの「好き」と「きらい」は何ですか？

自分がどんなことが「好き」で、どんなことが「きらい」かをわかっていない方は意外と多いように感じます。日本は特に「自己主張をよしとしない風潮」があるため、小さいときに「そんなわがまま言わないの！」「自分勝手だね」などと繰り返し言われ続けると、大人になってからも自分の気持ちを抑えるようになってしまうことがあります。

私のサロンのお客様のKさんは、小さいときからお母様に、「良い大学に入ること、立派な肩書きを持つことが大切」と言い聞かされ、自分でも、それを望んでいると思っていたそうです。自宅でサロンをはじめたときも、"母親に評価されるかどうか"が常に頭にあり、母親が喜びそうな資格を取ってはメニューに加えるものの、うまくいかず、いつも不安と空虚感があったとのことでした。

私のサロンでのセッションを通じて、「本当は人の役に立つことを実感できるような仕事がしたい」ということに気づかれた今は、おうちサロンでヒーリングやカウンセリングを行ないながら、休日には老人ホームでボランティアをし、充実した日々を過ごされています。「自分が本当に望んでいることがわかり、やっと心から幸せを感じることができるようになりました！」と、輝くような笑顔で答えてくださったKさんのもとには、今日も癒しを求める方たちが訪れています。

あなたが本当に望んでいることは何ですか？

「本心で望んでいること」をするからこそ、自分もお客様も幸せになれるサロンになるのです。

周りの人の言葉に影響され、「心の底では望んでいないこと」を勘違いしたままサロンをスタートさせると、結局は集客がうまくいかなかったり、つらくなって続けられなくなったりと、「ストップ」の合図が何らかの形でやってきます。まずは自分自身に問いかけてみましょう。「本心で望んでいること」を実現させることは、サロンの成功につながります。

「好き」と「きらい」を明確にしよう！

[きらいなこと]

例）
・表面的な関係
・満員電車に乗る
・知らない道を運転する

[好きなこと]

例）
・1人の人にじっくり
　向き合い話を聴く
・色や絵を楽しむ
・アイデアを形にする

「好き」と「きらい」の書き出しワークのやり方

① 白い紙を1枚用意する。
② 一番上に「きらいなこと」（好きなこと）と書く。
③ 深呼吸した後、思いつく限りの「きらいなこと」（好きなこと）を書き出す。

※まずは「きらいなこと」からはじめ、その次に「好きなこと」を書き出します。
※心の奥深くに眠る気持ちを引き出すために、できるだけ早いスピードで書くことをおすすめします（例：タイマーをセットして5分で書く）。

lesson 02
あなたの長所は何ですか？

「自分＝ウリ」とも言えるおうちサロンに欠かせないのが、「セルフブランディング」です。つまり、自分自身をプロデュースして価値を高めていくことです。

セルフブランディングをしようと思ったら、自分の良いところを自覚する必要があります。

日本人は手土産を渡すときに、よく「つまらないものですが……」と言いますが、アメリカで同じように言ったら「つまらないものを人にすすめるのか」と驚かれたという話を聞きました。日本には「謙遜の美学」という言葉があり、奥ゆかしさや謙虚さは美徳につながるとされてきましたが、時と場合によってはマイナスになることもあります。

おうちサロンの場合、それを表に出すかどうかは別として、本人が自分の「長所」をわかっていないと、実力を発揮するのは難しいでしょう。

「自分自身の良いと思うところなんてひとつもない」という状態でサロンをはじめるということは、「全然良いところのない人間がやっているつまらないサロンですが、どうぞ来てください」と言って人にすすめているのと同じです。

せっかくおうちサロンをはじめるのですから、自分の長所を生かして、お客様が思わず行ってみたくなるような魅力的なサロンにしましょう。

お客様の良いところをたくさん発見してお伝えできるようになるためにも、まずは自分の良いところをたくさん見つけましょう。

自分の長所はとらえ方次第

「枝葉末節にとらわれて大局を見失う」という言葉があります。枝葉にばかりとらわれて、瑣末な短所を直そうと思うあまり、個人が持つ本質的な輝きまで消してしまっては本末転倒です。

本来、長所と短所は表裏一体。とらえ方や相手によってプラスにもマイナスにもなります。万人に好かれる必要はないと割り切って、あなた自身の個性を磨き、サロンの価値を高めてください。

「リフレーミング」で短所を長所に変換！

リフレーミングとは

ある枠組み（フレーム）でとらえているものを、
違った枠組み（フレーム）で見ることを指す心理学用語のひとつ

リフレーミングの例

落ち着きがない	→	行動的 / 好奇心旺盛
地味	→	控えめ / 落ち着きがある
いい加減	→	良い加減 / おおらか
頑固	→	意思が強い / 自分を持っている

POINT

一見マイナスに思えることも、
見方を変えればプラスになります。

lesson 03 あなたの短所は何ですか?

よく成功法則や心理の本に「ポジティブであること」の必要性が書かれています。確かに、前向きであることや、物事の明るい部分に注目できる資質は成功する上でプラスに働くことが多いと思います。

でも、実はネガティブな経験や、つらい気持ちを味わったことこそが宝の山になることだってあるのです。そこで、あなたに質問です。

「どん底だと思えるほど落ち込んだことはありますか?」

「触れられると胸がチクッとするようなコンプレックスはありますか?」

「他の人には知られたくないと思うような過去はありますか?」

これらは、あなたのサロンの「選ばれる理由」や「魅力的なメニュー」になる可能性を秘めています。

コンプレックスに共感してくれるお客様もいる

「すべてに恵まれている主人公が、順風満帆な人生を歩むストーリーの映画」と「恵まれない環境で育った主人公が、自分の手で人生を切り拓き、最後には幸せになるストーリーの映画」だったら、どちらを見たいと思いますか?

多くの方は後者ですよね。紆余曲折あるからこそ、未熟で人間くさい一面があるからこそ、人は興味を惹かれるのではないでしょうか。

生い立ち、外見、環境、学歴、お金、能力などのコンプレックスや、負の経験こそが、あなたのサロンの魅力につながることだってあるのです。

ネガティブな経験やコンプレックスから、おうちサロンのメニューにつながるアイデアを思いつくこともあります。

左ページを参考に、ネガティブな記憶を書き出してみてください。そして、「こんなことができるかも?」の「かも」を大切にして、たくさんの"可能性の芽"を見つけましょう。

28
part2

「可能性」を見つけよう！

①自分にとって大変だったり、恥ずかしかったりした経験や過去を書き出そう

例）太っていたことがコンプレックスで、ダイエットを繰り返した

- -
- -
- -
- -
- -

②①から連想し、仕事としてつなげられる可能性を書いてみよう

例）
・いろいろなダイエット方法を試し、どんなところでつまずきやすいかなど、経験者ならではの生の声を届けることができる
・たくさんのやり方を試す中で見つけた方法をシェアすることで、仕事につなげられるかも？

- -
- -
- -
- -
- -

POINT

まずは気楽に、あなたの中に潜むたくさんの"可能性"を書き出しましょう！

lesson 04 あなただけの「ウリ」を見つけよう

おうちサロンのオーナーは「長所」も「短所」もすべて、自分の「ウリ」につながります。

セルフブランディングは、言ってみれば自分自身や今までの人生の棚卸しです。「私には何にもない」「人の役に立てることが見つからない」という方は、もう一度じっくり自分自身や今までの人生を振り返ってみてください。

人に提供できるものは何もないという人はいません。自分で何が提供できるかに気づいていないだけです。特に、自己肯定感が低い人は、せっかくの良いところも「だって、これは誰でもできることだから」「こんなこと普通だし」と、ウリとして認めることができない傾向があります。

あなたにとっては「自然にできること」「普通のこと」であっても、他の人がそうだとは限りません。

あなたの「なんてことないこと」の中にウリが隠されていることだってあるのです。

① マイナス要素をプラスに転じる
② 「自然にできること」を見逃さない
③ 長所を意識して伸ばす

この3つのポイントを意識して、あなた自身の棚卸しをし、そこからウリを見つけましょう。

たとえば、外見のコンプレックスを持っていたEさんの場合、

・外見のコンプレックスから解放されたくて美容やメイクの勉強をかなりした（マイナスをプラスに）
→自分に自信がない人はどんな言葉に傷つくのかが自然にわかる（自然にできること）
→社交的ではないけれど、人の話をじっくり聴くことができる（長所）

このようなウリが見えてきました。

自分の魅力を自覚したりウリを知ることで、意識した部分はどんどん伸びていきます。あとはそれを、お客様の立場に立った視点で発信することで、あなた自身の価値を高めることができます。

「ウリ」を見つけるときの3つのポイント

1 マイナス要素をプラスに転じる

例)
外見にコンプレックスを持っていたマイナス要素を
美容やメイクについての豊富な知識というプラスに転じた。

2 「自然にできること」を見逃さない

例)
自信のない人がどんな言葉だと受け入れてくれるかが
自然とわかる。

3 長所を意識して伸ばす

例)
人の話をじっくり聴くことができる。

POINT

自覚できた魅力はどんどん伸びていきます!

lesson 05

あなたのスキルは何ですか？

今度は、具体的に「今の自分が持っているスキル」を書き出してみましょう。

時どき、資格が少ないことにコンプレックスを持っていたり、資格を取ることに夢中になりすぎてしまう方がいらっしゃいます。どちらも共通して、「自分」よりも「資格」を優先させた考え方です。

実際、私のもとにおうちサロンプロデュースを受けに来られるお客様の中にも、資格を取っても活用できていない方はたくさんいらっしゃいます。「自信のなさをごまかすため」だったり、「できないことへの言い訳」が理由で、次々と資格の数だけを増やしている場合は、なかなか現実に活用できていないことが多いようです。

確かに、さまざまな資格を持っていることで、組み合わせてオリジナルメニューをつくったり、会話の引き出しが多くなったりと、利点はたくさんあります。でも、「資格の数＝選ばれる理由」とは限りません。お客様は、資格ではなく「あなた」に会いに来るのです。

反対に、一見サロンには無関係に思えても、直感的にピンときたものは、後々、思いがけないときに役立つこともあります。スキルを書き出すことで、「今の自分は何を持っているか」「どんなことに興味があるのか」がわかるとともに、自分がサロンでやりたいことに対して「何が足りないのか」もわかります。

あなたにしかない経験も立派なスキル

資格や特技などの他に、忘れてはならないのが「個人的経験」です。ひとつの面からだけの視点にとどまらず、徹底的に掘り下げて、もっと奥にある真実や法則性にまで行き着くことができたら、それを仕事に結びつけることは十分可能です。

一番大切なのは「あなたならではのサロンにすること」です。自分でダメ出しをしすぎず、まずは自由に「今持っているスキル」を書き出してください。

スキルを書き出そう

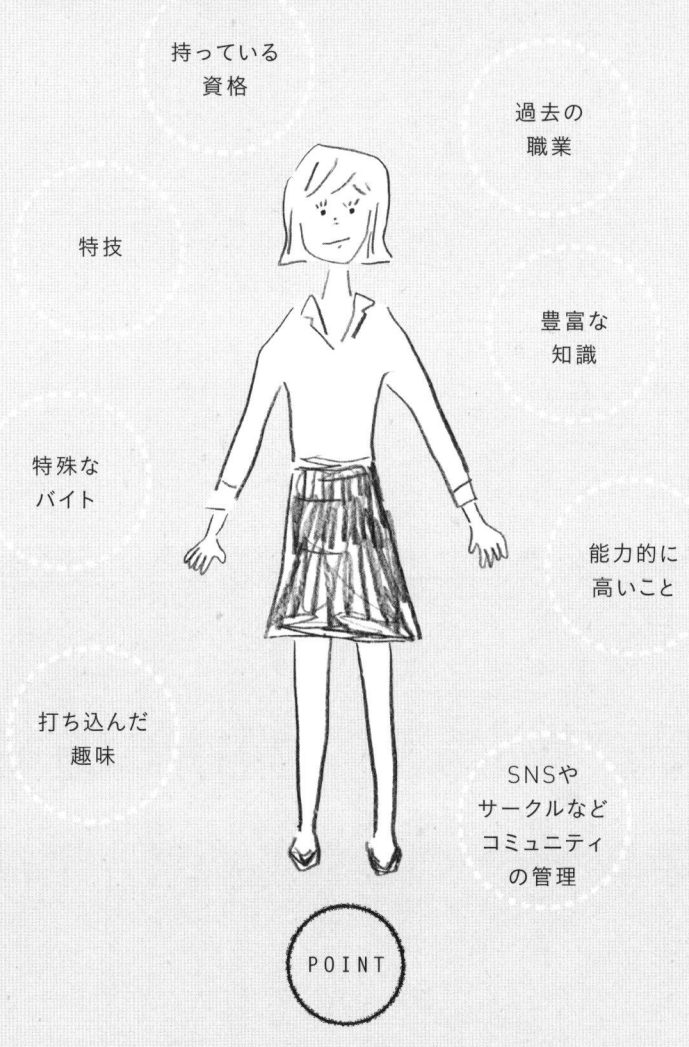

- 持っている資格
- 過去の職業
- 特技
- 豊富な知識
- 特殊なバイト
- 能力的に高いこと
- 打ち込んだ趣味
- SNSやサークルなどコミュニティの管理

POINT

一見、仕事につながるとは思えないものでも、この段階では気にせずどんどん書いてみましょう！

lesson 06 どんな人に来てほしい？

次は、どんな人に来てもらいたいかをイメージしてみましょう。もし、イメージしたときに、こんな人は来てもらっても力になれないかも？　という人が浮かんだら、それも書き出します。

ターゲットは絞るよりも広くしたほうがお客様が多くなりそうですが、現実はそうではありません。「誰にでも来てほしいサロン」ということは、お客様がそのサロンを選ぶ理由も特になくなるからです。

私が幼児教室に勤めていたとき、子どもを褒める場合は、「みんな、よくできたね」と言っても褒めにくい言葉にはならない、と教わりました。「みんな」と言われたときに、子どもは自分のことだと認識しにくいのです。

来てほしい人を明確にすることで、お客様も、自分に合うサロンや教室を選びやすくなります。お客様にとっても「誰にでも来てほしいサロン」より「あなただから来てほしいサロン」のほうが、断然、魅力的に映るものです。

トラブル回避にもなる

また、「どなたでもどうぞ！」とHPなどに表示しているのに、お申し込みをお断りするようなことがあるよりも、あらかじめ「来てほしい人」を明確にしておいたほうが、不要なトラブルを回避できます。

「おうちサロンプロデュース」のお客様からはよく「女性専用サロンにするか、男性も予約OKにするかで悩む」、という相談を受けます。考え方にもよりますが、たとえば、アロマトリートメントのおうちサロンをやっているNさんの場合、基本は女性専用サロンとして運営し、交流のある方、ご紹介のある方のみ、男性のご予約もお受けしているそうです。

おうちサロンの場合、プライベートスペースでもある「自宅」にお客様をお招きするため、店舗のサロンよりもさらに「線引き」を明確にする必要があるのです。

「来てもらいたい人」をイメージしよう

サロンに来てほしい＆私が力になれる人

例）
- 元気いっぱいで楽しいことを太くさんやりたい人
- ちょっぴり元気がなくて背中を押してもらいたい人
- 子育て中の主婦
- 仕事を頑張っているOL
- 起業したい人
- 趣味を楽しみたい人

まずは制限を設けず、自由にイメージして書き出してみよう！

POINT

ターゲットを明確にすると、
サロンのコンセプトに「合う」お客様との
ご縁がつながりやすくなります。

どんなサロンにしたいかをイメージしよう

lesson 07

来てくれた人にどうなってほしい？

来てほしいお客様が明確になったら、今度はそのお客様がサロンに来てどうなっていただきたいかをイメージしてみましょう。

業種や職種が一緒でも、「どんなことで力になりたいと思っているか」は人それぞれです。

たとえば、エステのオーナーAさんとBさんは「きれいになってほしい」と思っています。Bさんは「きれいになることで自信を持ってほしい」と思っています。その先にある未来がAさんとBさんでは違うのです。

サロンは、お客様に「未来」をイメージしていただくことが大切です。先程のケースで言うと、「自信のある私」「モテモテの私」など、お客様にとって魅力的な未来をイメージしていただくための工夫

をすることで、リピートにもつながります。

あなた自身とお客様の接点を探そう

お客様にイメージしていただくためには、誰よりまずサロンオーナーであるあなたが、心の底からそれを信じてイメージする必要があります。

サロンに来てくださったお客様にどうなっていただきたいか、何を持って帰っていただきたい気持ち・体・外見・エネルギーなど、いろいろな面からイメージしてみましょう。

もし、信じられなかったり、イメージできないようでしたら、それは本当にあなたが提供したいことではないのかもしれません。

お客様は、サロンに何らかの問題を解決に来たり、今より良くなりたいとの思いで来てくださいます。そのお手伝いをするのがサロンの役割です。

あなたの「できること」「したいこと」と「お客様が求めていること」の接点を探すことで、自分がやりたいことや、本当に良いと思うことを提供して、お客様に喜ばれるサロンにすることができます。

お客様にどうなってほしいかイメージしよう

アロマトリートメントサロンの場合

- 来たときよりも心が軽くなってほしい
- 癒されてほしい
- 健康になってほしい
- 良い香りに包まれる心地良さを感じてほしい
- リラックスしてほしい
- 気持ちが上向きになってほしい

中心：アロマトリートメント

POINT

同じ業種・職種でもお客様に「なってほしいイメージ」はオーナーによってそれぞれ異なるはずです。

lesson 08

一番大切な「コンセプト」づくり

ここまで、自分の好ききらいや、自分自身のウリ、スキル、どんなお客様の力になりたいかなどを書き出してきたことを踏まえて、サロンをはじめるときに一番大切な「コンセプトづくり」をしましょう。

おうちサロンでのコンセプトは、「あなたがおうちサロンをやる理由」です。

コンセプトがしっかりしていれば、アピール力も強まりますし、サロンで提供するメニューが変わったり、場所が変わったりしても軸がブレません。

自分の思いはブレないようにしよう

サロンをはじめると、お客様の声や、同業者の声、家族の声、友人の声など、いろいろな人の考え方に触れる機会が増えます。そのとき、自分の軸がしっかりしていないと、さまざまな声に惑わされたり、悩むことが多くなります。

でも、コンセプトが明確で、自分の思いに一貫性があれば、必要以上に他者の声を気にすることはなくなります。

サロンには、あなたの思いに共感してくれた人や、何らかのメリットを感じてくれた人だけが来てくださいます。あなたのサロンとAさんのサロンは違うのです。

良いと思ったことを取り入れる柔軟性は大切ですが、世界中すべての人に好かれる必要がないのと同じく、すべての人に必要とされるサロンであろうとする必要もありません。

サロンに求めるものは、人によって違うのです。時には誤解されたり、わかってもらえなくて悲しいときもあるかもしれませんが、「人は人」と割り切り、前に進む意識が必要な場合もあります。

そんなときもコンセプトがあることで、「自分が本当に提供したいこと」「はじめたときの気持ち」に立ち戻ることができるのです。

コンセプトを決めた上で、お客様がイメージしやすいようにアプローチしていきましょう。

コンセプトを書き出そう

私は

例）
・来てくれる人にきれいになってもらい太い
・リラックスしておしゃべりできる場を提供したい
・体が元気になってほしい
・心が楽になってほしい
・OLが会社帰りに気楽に学べる場を提供したい
・主婦が子連れで情報交換できる場をつくりたい

だから、おうちサロンをやります！

POINT

「だから」の前には
どんな言葉が入りましたか？

part

3

魅力的な
メニューづくりをしよう

lesson 01 メニューが選ばれる「理由」になる

以前、TCカラーセラピスト講座を受講するために来てくださったIさんは「講座を受講するため資格を取って終わりではなく、その後、実際にサロンをはじめるのにはどうしたらいいかも知りたかったので、サロンプロデュースのメニューがある、ここにしました!」と言ってくださいました。

Iさんにとっては、カラーセラピスト講座だけでなく、「おうちサロンプロデュース」のメニューがあったことが、私のサロンを選んでくださった「理由」になったのです。

お客様によってサロンを選ぶ基準はそれぞれですが、このように、実際に申し込まれた以外のメニューが、「選ばれる理由」になることがあります。

お客様は「受けたい」と思ったメニュー以外のメニューも意外と見ていらっしゃるものです。メニューには、サロンオーナーがどんな分野が好きで、何を得意とするか、その人となりが表われます。そう考えると、最終的にサロンでどんなメニューを取り扱うかを熟考することは、選ばれるサロンづくりにはとても大切なことです。

メニューづくりが大事な理由

まずは、「ここでなければ得られないメリットは何か?」を考えます。3章でお伝えしたコンセプトなどをもとに、「あなたにしか伝えられないもの」をメニューにすると、説得力が増し、お客様があなたのサロンを選ぶ理由になります。

おうちサロンにとっての「メニュー」とは、「招待状」の役割をします。あなたは、どんなお誘いを受けたら、行きたくなりますか? 見た人が思わず行ってみたくなるようなメニューづくりをしましょう。

他のオーナーさんたちと全く同じメニューだけでは、「自分のサロンを選んでいただく理由」を、お客様に見つけてもらえません。

お客様に「選ばれる」サロン内容でオリジナリティを出して、よりお客様に「選ばれる」サロンづくりをしていきましょう。

メニューはお客様に「選ばれる理由」になる

ヒーリングメニュー	料金
おうちサロンプロデュース	15,000円
癒しのフルコース（アロマタッチ&ヒーリング）	1h 8,000円
個性子育て相談	1h 6,000円
数秘学鑑定 2人目以降の鑑定は1人につき+1,000円	1h 8,000円
オーダーパワーストーンブレスレット	送料込み2本 10,000円
童心ワークセラピー（カラー&アートセラピー）	1.5h 7,000円

※延長は全メニュー共通して10分ごとに500円です。

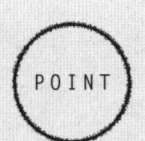

講座一覧	料金
数秘学講座（全6コマ・最短2日、最長3日）	30,000円
幸運手帳講座	10,000円
TCカラーセラピスト講座	18,000円
TCマスターカラーセラピスト講座	25,000円
TCトレーナー講座	30,000円 +認定料10,000円

POINT

メニューは、おうちサロンでお客様に選ばれる一番のポイント。メニューが決まったら、HPやブログ、パンフレット、部屋のメニュー表、チラシなどにしっかり反映させましょう。

lesson 02
「A＋B＝C発想」で
オリジナルメニュー
づくり

では、いよいよオリジナルメニューづくりをしてみましょう！　メニューを考えるのはドキドキ、ワクワクする楽しい作業です。

「これをやったら喜んでいただけるかな？」「こんなサービスをセットにしたら、うれしいはず！」など、お客様の視点に立って、アイデアをどんどん出していきましょう。

「自分だったらどんなメニューがあったらうれしいかな」「以前受けた、あのサービスと組み合わせたらどうかな」など、過去の記憶も引っ張り出してきて、アイデアを出します。

2章で書いた好きなことやスキルが、メニューづくりの材料になります。同じ材料を使っても、つくる人によって全く違う料理になるのと同じように、同じスキル、同じ資格であっても、それをどう料理するかによって全く違うメニューになります。

「A＋B＝Cの発想」で、違うもの同士を組み合わせて、あなただけのオリジナルメニューをつくりましょう。組み合わせてつくる新メニューはどの業種でも応用でき、お客様にとっても一度で2つのサービスを受けられるため、魅力を感じやすいメニューになります。

固定概念をはずしてみると、一見異質だと思える組み合わせでも、今までにない、面白いメニューができるものです。「これとこれをくっつけたら面白いんじゃない？」「これとこれ、一緒にできたらお得かも！」など、自由な発想で違うもの同士をくっつけて、独自のメニューをつくってください。

必要な資格や届出は必ず調べる

やりたいメニューによっては、特別な資格や届出が必要なものもありますので、やりたいメニューが決まったら、必ず事前に調べ、必要な手続きを踏んでからはじめましょう（詳しくは4章10項）。

おうちサロンは「自由」である反面、「責任」も伴いますので、その点はご注意ください。

part3

メニューのヒントは"組み合わせ"

MENU

・ジェルネイル＋カラーセラピー
＝ヒーリングカラーネイルアート

・耳ツボ＋ハンドマッサージ
＝耳ツボ＆ハンドマッサージのリラクゼーションコース

・ヨガ＋アロマ
＝香りのヨガ講座

・絵本セラピー＋パステル和アート
＝大人のための絵本セラピーとパステルワーク

・数秘学鑑定＋パワーストーンブレスレット
＝数秘守護石オーダーブレスレット

・パンづくり＋紅茶のいれ方
＝手づくりパンとおいしい紅茶を楽しむ講座

POINT

惹かれるメニューは十人十色。
まずはそのサービスを提供している自分自身をイメージしたときに、ワクワクするメニューをつくろう！

lesson 03

ポイントは3つ以内にしよう

大体のメニューが決まったら、次は内容をもう少し煮詰めましょう。ひとつのメニューや講座にどの程度の内容を盛り込むか、それは決められた時間内で受けられる内容か、など細かく検討していきます。

私は定期的に単発講座を開講しているのですが、講座時間は2時間の予定なのに、あれもこれもと内容を欲張ってしまい、時間をオーバーしてしまう……という失敗をよくしていました。以前は「内容が多ければお客様の満足度も高くなるだろう」と思い込んでいたのです。

しかし、多すぎても焦点がぼやけてしまい、記憶に残りにくいということがわかってからは、あれもこれもと入れすぎず、絶対お伝えしたいポイントを3つに絞り、あとはその日の流れで時間によって足し引きしています。

ひとつのサービスを濃くしてリピートも

これはサービスでも同じです。短時間にサービスを詰め込みすぎて受けられず、感動が薄まってしまいます。一つひとつのサービスを落ち着いて受けられず、感動が薄まってしまいます。

私がおうちサロンでやっている数秘学鑑定では、統計学によって生年月日とお名前から、膨大な情報を読み解くことができます。それをそのまますべてお伝えしてしまうと、情報量が多すぎるため、お客様は「いろいろ言っていたけど、結局は何だっけ？」と、何にも残らない結果になってしまいます。

人によって聞きたいことは違いますので、その方が知りたいのは「恋愛」なのか、「仕事」なのか、「将来の方向性」についてなのかを伺い、その部分を重点的にお伝えするようにしています。

そして、最後には、もう一度ポイントを3つお伝えして、それをどう生かしていくといいか、アドバイスするようにしました。短い時間にたくさん詰め込んでいたときに比べて、「今度は家族や彼氏などの鑑定をしてほしい」などと、リピーターとして通ってくださる方が増えました。

お客様に持って帰っていただきたいものは？

1　まずは書き出す

例）
（フェイシャルエステの場合）
・「○○の知識」　・「ほほの血色の良さ」
・「ウキウキする気持ち」　・「カンタンな○○のコツ」
・「髪の毛の艶」　・「行動するための勇気」

2　3つに絞る

例）
・血色の良さ　・ウキウキ　・知識

3　サービス内容を考える

例）
・足湯をして血流の流れを良くしてから、フェイシャルマッサージで血色を良く
・施術が終わったら、メイクのサービスで、鏡に写った自分を見てウキウキ
・自宅でもできる、フェイスラインをスッキリさせるための知識を伝える

POINT

講座でもサービスでも、
「多いほうがいい」というわけではありません。
「お客様に持って帰っていただきたいこと」は3つ以内に絞り、
それをいろいろな角度から見たり肉付けしていくような
イメージでサービス内容を考えましょう！

lesson 04 サービスになくてはならないもの

サービス内容の向上、技術を磨く、知識を蓄えるなど、より良いサービスを提供するためにサロンオーナーができることはたくさんあります。

お客様の視点に立ってみると、何かのサービスを受けるときに、相手にプロとしての知識や技があるのは「当然のこと」です。その上で、通い続けたくなるサロンと、1回限りのサロンとの違いは何でしょう？　それは「感動するかどうか」です。

サロンを出た後の記憶に「感動」が残っているかどうか、それが「次も行きたくなるサロンかどうか」の分かれ道になるのだと思います。

私自身、いろいろなサービスを受けたり、講座を受けたりするのが大好きなのですが、長く通っているところは、どこも「想像していた以上の感動」があったところばかりです。

感動がお客様のリピートのもと

「こんな内容かな」と想像していたのが、受けてみたら、それ以上の感動を受け取ることのできたところには、また次も行きたくなります。

お客様にリピートされる理由も、されない理由も、「ささいな違い」や「気まぐれ」であることが多いのです。

それだけに、少しこちらの意識を変えるだけでも、今までよりもずっと通い続けてくださるお客様が増えるのがおうちサロンの良いところ。自分がしてもらってうれしかったサービスや感動したことは、自分のサロンでも取り入れましょう。

お客様が喜んでいるところを想像すると思わずニンマリしてしまうような、そんな「感動の種」を用意すれば、種から芽が出て花が咲くように、お客様との関係にも素敵な花を咲かせることができるのだと思います。

サービスの中に「感動の種」を用意することは、ご縁をいただいたお客様との間にきれいな花を咲かせるための、とても大切なワンステップとなります。

お客様の想像を超えるサービスをしよう

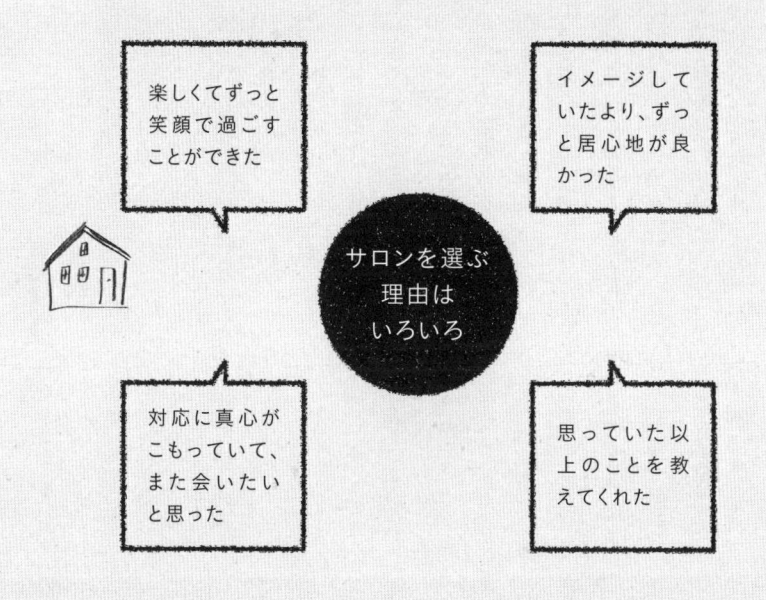

楽しくてずっと
笑顔で過ごす
ことができた

イメージして
いたより、ずっ
と居心地が良
かった

サロンを選ぶ
理由は
いろいろ

対応に真心が
こもっていて、
また会いたい
と思った

思っていた以
上のことを教
えてくれた

CASE1
「フェイシャルは以前も受けたし、こんな感じよね」と思って訪れ
たエステサロン。1回で実感できる効果が大きく、対応も良かった
ので、また次もそこに行きたくなった。

CASE2
「髪をカットしてもらうだけ」と思って行ったヘアサロン。そのとき
してもらったマッサージがすごく気持ち良くて、リピーターになっ
た。

lesson 05 サービスに合う価格を考えよう

「価格設定」については、おうちサロンをはじめるときに、悩む方がたくさんいらっしゃいます。

女性は、「周りとうまくやっていこう」という意識が強いと言われています。

他者に意識を向けることは、お客様目線に立ったときのサービスの向上につながることもある反面、サービス過剰や価格への「ブロック」を生み出しやすい一面もあります。お金のブロックから、極端に安い価格設定にしてしまう方もいらっしゃいます。

私自身もサロンをスタートしたばかりのときは、この価格設定でずいぶん悩みました。ちゃんと価値に見合う金額を受け取ることができるようになったのは、友人から言われた言葉がきっかけでした。オープンしたばかりのある日、昔からの友人がサロンを利用してくれました。いろいろなところでセ

ミナーやヒーリングを受けていた彼女は、「この金額じゃ、来た人が価値をわかってくれないよ。せっかく内容が良いのにもったいない。普通はこのくらいが相場だからもっと高くしなきゃダメ！」と言って、私が設定したよりも高い料金を「お金をちゃんともらう練習だと思って受け取ってね」と言ってくれたのです。「安いほうがいい」と安直に考えてしまっていた私を変えてくれた出来事でした。

「タダだから」「安いから」という理由でサロンを選ぶお客様は、もっと安い価格のサロンがあれば、すぐにそちらに行ってしまうでしょう。でも、本当の価値をわかってくださるお客様は、価格だけで離れることはありません。

価値に見合った価格をリサーチしよう

サービスに対して安すぎる価格設定だと、サービスの価値を落とす可能性があるということを理解して、まずはリサーチからはじめましょう。

今はインターネットがあるので、比較的簡単に調べることができます。左ページのリサーチをするときのポイントを参考にしてください。

価格リサーチをしよう！

リサーチするときの3つのポイント

1　分野ごと

同じ分野はもちろん、別の名称でも近いサービスを
提供している分野まで調べましょう。

2　近隣

地域ごとに価格が違うので、近隣ではどの値段設定が多いか、
また、都内ではどのくらいでどんなサービスを提供しているか、
相場も調べましょう。

3　規模ごと

小規模から大手まで幅広く相場を調べましょう。

POINT

必ずリサーチしてから、
サービスに見合う価格を決めましょう。

lesson 06 お金はエネルギーのひとつ

「お金」は「エネルギー」のひとつです。自分が出したエネルギーの対価として、エネルギーのひとつの形としてお金をいただくのです。

このことは、さまざまな分野で成功している人が「どれだけ人の役立つことができたかで自分に戻ってくる豊かさが決まる」と言っていることでもわかります。

もし、今提供しているサービスがあり、大好きな分野に携わっているのにもかかわらず疲労感が残るようであれば、価格設定を見直す必要があるかもしれません。

流したエネルギーに見合う分のエネルギーが、お金や言葉など、何らかの形で返ってきていればよいのですが、出入りするエネルギーバランスが崩れると、慢性的に疲労を感じるようになったり、無気力になってしまう兆候が出はじめ、それでも放置していると大きく体調を崩してしまうことがあります。

その結果、大好きな仕事を続けられなくなる方も実際にたくさんいらっしゃいます。続けられなくなったときに悲しむのは、通ってくださっていたお客様です。

お金を上手に循環させよう

お金は水と同じです。洪水のように激しい状態が続いては危険ですし、流れが全くないと淀んでしまいます。

価値に見合った適正価格をいただき、それを自分や周囲を幸せにするために使うことで、さらに大きな流れとなって自分に戻ってきます。

価格を上げれば当然、内容的にもより高いところを目指すことになります。それは、長い目で見るとお客様の満足にもつながります。

より良いサービスを提供し、ずっとお客様に愛されるサロンを続けていくためにも、お客様にあなたのサロンの価値をちゃんと受け取っていただくためにも、「適正価格」をつけましょう。

価格とエネルギーの関係

エネルギーが
枯渇していると……

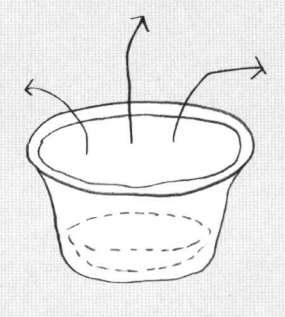

エネルギーが
満タンだと……

努力してもうまくいかない

お客様も自分もハッピー

POINT

お休みの日には、
いただいたお金（エネルギー）を自分をねぎらうことに
使って、しっかり充電しましょう。
エネルギーが満タンになった状態でお客様に向かうことで、
さらにお客様に満足していただけるサービスを
提供することができます！

lesson 07
価格設定で迷ったときの「モニター価格」

「高めの価格設定は抵抗がある」という方もいらっしゃると思います。そんな方におすすめなのが「モニター価格」の活用です。

メニュー導入時に「モニター価格」や「新メニュースタート記念価格」として、期間限定もしくは人数限定で割引価格にして様子見期間を設けるやり方です。

モニター価格で提供するときの約束事としては、①この価格がモニター期間限定の料金であることを明確に表示すること、②ご感想をいただくこと（詳しくは7章1・2項）の2点です。

モニター価格で提供している間に、どのくらいの需要があるか、お客様からどんな声が上がっているか、などの反応を見ることができます。

店舗を構えていると、そんな悠長なことはしていられないかもしれませんが、おうちサロンであれば、モニター期間中に「このサービスは十分価値がある！」という自信がついてから、本来の価格へ移行してもよいと思います。

自分ルールをきちんと設けよう

注意点としては、何となく価格を上げにくくなって、不本意ながらズルズルそのまま……ということのないように、自分なりのルールを決めることです。

私の場合は、オリジナルメニューや新講座をはじめる場合は大抵、最初はモニター価格で提供しています。その際は先着10名様、1ヵ月間のみ、などと期間や人数で区切っています。お得な情報は、サロンのお客様優先でお伝えするように、まずメール登録をしてくださった方対象でモニター募集をし、その後にブログなどで告知して一般募集をスタートすることが多いです。

モニターで体験してくださったお客様がその後もリピートしてくださったり、お友達をご紹介くださったりすることも多いので、モニター価格での提供は、たくさんの方にサービスを知っていただくためにも役立ちます。

part3

モニター価格導入の流れ

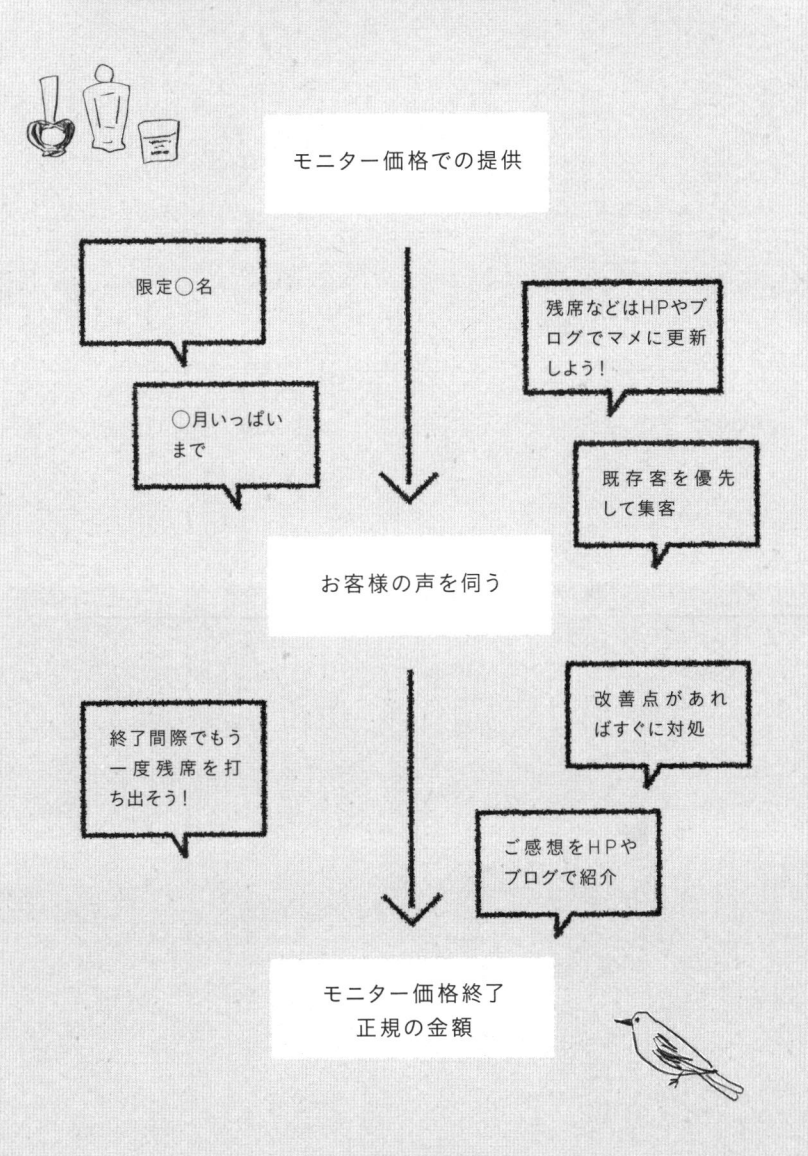

モニター価格での提供

- 限定◯名
- ◯月いっぱいまで
- 残席などはHPやブログでマメに更新しよう！
- 既存客を優先して集客

↓

お客様の声を伺う

- 改善点があればすぐに対処
- ご感想をHPやブログで紹介
- 終了間際でもう一度残席を打ち出そう！

↓

モニター価格終了 正規の金額

part

4

おうちサロンの
事前準備

lesson 01 サロン名を決めよう

あなたのサロンのコンセプトやメニューが決まったら、いよいよ、サロン開業に向けた準備をしていきましょう。まずは、2章で決めたコンセプトをもとに、サロンのイメージや実現したいことを念頭に置きながら、サロン名を考えましょう。

私の場合、「訪れた人が、自然の中で森林浴をしているようにリラックスでき、木々の隙間からもれてくるお日様の光に『希望』と『元気』をもらって、幸せな未来に一歩踏み出せるようなサロンにしたい」と思っていました。ピンときたのが「ペールグリーン」という色名でした。優しい若葉のようなその色は、私のサロンのコンセプトとぴったり一致したのです。

お客様に見つけてもらいやすい名前にしよう

とはいえ、感覚だけで決めたのではなく、リサーチもしました。せっかくの思い入れのあるサロン名も、お客様に見つけてもらえなければ意味がありません。

たとえば、ネットで「サロン　ローズ」と検索すると、たくさんのサロンがヒットします。このように、検索したときに、同じ名前を使っている人が多いと、検索上位になるのが難しく、サロンを見つけられにくくなってしまいます。

かといって、誰も使わないような、難しい名前にすればよいかと言えば、そういうわけでもありません。「les jours heureux」とはフランス語で「幸せな日々」という意味ですが、これをそのままサロン名にすると、お客様に覚えていただくのが億劫で、打ち間違えが増えます。検索するときに打ち込むのが億劫で、打ち間違えが増えます。英語やフランス語などをサロン名に使う場合には、つづりの後に、カタカナでふりがなを表記するなどの工夫が必要です。

コンセプトをもとに、サロンの雰囲気に合い、呼びやすく、検索されやすく、覚えやすいサロン名を考えてみましょう。

58
part4

サロン名をつけるときのステップ

1 コンセプトとともにお客様に感じていただきたいイメージを明確にする

2 ①を踏まえてサロン名候補を書き出す

3 ②の中から条件を満たしたサロン名を選ぶ

※条件＝
- お客様に覚えてもらいやすい（短くて、呼びやすい）
- 検索したときのヒット件数がない、もしくは少ない
- 難しいつづりがない（ある場合はふりがなをふる）
- 登録商標されていない

POINT

自分のテイストに合うサロン名を検索してみましょう。どんなサロン名が覚えやすく、検索しやすく、サロンの雰囲気を表わしているかが見えてきます。

lesson 02 サロンを知っていただくために必要なこと

せっかくこだわりのある素敵なサロンをはじめても、その存在を誰にも知らせなければ、本当はあなたのサロンを必要としている方も行くことはできません。こうやって書くと当たり前のことのようですが、実際は集客努力をしなくても、資格さえ取ればお客様がいらっしゃるかのように勘違いされている方も多いのです。

サロンの存在を知らせるためのアプローチは開業前から考え、少しずつ準備しておきましょう。方法としては、チラシ、地域の情報誌・フリーペーパー、ホームページ（HP）、ブログ、ネット・メルマガの有料広告など、いろいろあります。この中でおうちサロンをスタートする方におすすめなのが、ブログやHPなどネットを通じて知らせる方法です。理由はいくつかあるのですが、その中でも大きな

メリットが3つあります（左ページ参照）。宣伝費はお金をかけようと思えばいくらでもかけることができますが、自宅を開放してサロンをやる場合は、「誰でもいいからたくさんの人に来てほしい」というわけではないと思います。

また、サロンでの収入がコンスタントに入ってくるようになってからならともかく、スタートする前から多くの費用を宣伝費にかけることはリスクにつながります。

ネットでコストをかけずに集客しよう

今は、チラシやフリーペーパーがきっかけだった場合でも、多くの方がネットでお店の情報を事前に調べてから予約する時代です。あなたのサロンの情報を正確に知っていただくためにも、ぜひブログやHPをつくることをおすすめします。

そして、なるべく早く公開しましょう。サロンオープン前の準備の様子をブログなどで紹介することで、見ている人の共感を呼び、来客につながることもあります。軌道に乗るまでのコツコツした努力を続けることが、後々の結果につながります。

60 part4

ブログやHPで情報発信する3つのメリット

1 安全性を第一に考えたい
おうちサロンの場合、
公開する情報を自分で決められる
ブログやHPはスタートしやすい！

2 ブログやHPは無料や低価格で、
すぐにはじめることができる！

3 情報量をたくさん載せられるので、
お客様が「あなた」からサービスを受ける
理由を見つけやすい！

lesson 03 ブログやHPには何を載せるか

ブログやHPには、以下の要素を入れましょう。

・サロン名……コンセプトをヒントに、覚えやすく、検索しやすい名前にしましょう。つづりの難しい漢字や英語などは検索しにくいです。
 また、ありきたりなサロン名も検索上位になりにくいので、サロン名の候補は一度検索してから決めましょう。

・メニューと料金……凝ったメニュー名で内容がわからない……ということのないように、どんな内容を、どのくらいの時間、金額にはどこまで含まれるかなどを、わかりやすく表示しましょう。時どきメニュー一覧がないサイトがありますが、あちこち探さなくてもここに来れば「すべてのメニューがわかるページ」をつくったほうが親切です。

・自己紹介……ほとんどのお客様は、このサロンはどんな人がやっているのかをチェックしてからいらっしゃいます。自己紹介の中に「サロンをなぜはじめたか」などオーナーの思いが書いてあると、そこに共感して足を運んでくださるお客様もいらっしゃいます。取り扱いメニューに関連した生い立ちや経験の他、出身や趣味など、オーナーの個性が垣間見える自己紹介にしましょう。

・最寄り駅……場所に関係なくお申し込みくださる方もいらっしゃいますが、ほとんどの方は場所の遠近もサロン選びの材料にします。地域や最寄り駅など、サロン選びの判断材料として、おおまかでもよいので提示しましょう。

・お問い合わせやお申し込み先……これを載せないことはまずないとは思いますが、中にはどこにあるのか探しにくいブログやHPもあります。
 また、ブログのメッセージ機能だと届かない場合があります。ブログの場合は、HPに誘導し、HPのお問い合わせフォームから連絡をいただく形が安全です。一度載せたからといって安心せず、ページごとにわかりやすく載せましょう。

HPやブログにこれだけは載せよう！

1　サロン名

コンセプトをヒントに、覚えやすく、検索しやすい名前に！ありきたりなサロン名も検索上位になりにくいので、サロン名の候補は一度検索してから決めましょう。

2　メニューと料金

どんな内容、どのくらいの時間、金額にはどこまで含まれるか等がわかるようにしましょう。「すべてのメニューがわかるページ」をつくると探しやすいです。

3　自己紹介

自己紹介の中に「サロンをなぜはじめたか」オーナーの思いがあると共感を生みやすいです。取り扱うメニューに関連した生い立ちの他、出身や趣味などを載せることで、オーナーの個性が垣間見える自己紹介になります。

4　最寄り駅

場所の遠近もサロン選びの材料になります。地域や最寄り駅など、サロン選びの判断材料として、おおまかでもよいので提示しましょう。

5　お問い合わせやお申し込み先

ページごとにわかりやすい場所に表示しましょう。ブログメッセージだと届かない場合があるため、HPのお問い合わせフォームに誘導します。

lesson 04

HPはプロにお願いするべき？

所をインターネット上に持つことができることは、大きな安心につながります。

HPを依頼する際の注意点

よくわからないうちに焦ってお願いし、HPが完成してから「思ったのと違う」と後悔することのないよう、じっくりと検討して信頼できる方にHP制作をお願いするようにしましょう。最初は安いけど、長期的にみると割高になったり、費用対メリットを考えたときに機能を果たしていない……ということのないよう注意が必要です。

たとえプロにお願いする場合でも、やはり基本は「自分」。どんなに技術のある方にお願いしたとしても、自分自身の軸がしっかりしていない状態で「おまかせ」したのでは、満足のいくものはつくれないのではないでしょうか。

つくった後で「こんなはずではなかった」と後悔することのないよう、それぞれの形式のメリットやデメリットを比較検討し、プロの方にお願いする場合も、「一緒につくり上げる意識」を持つことが大切だと思います。

有料でブログをカスタマイズしてくれたり、HPを制作してくれるところは、会社、個人ともにたくさんあります。パソコンに弱い方ですと、すべて丸投げした結果、思ったような効果が得られなかったというお話もよく耳にします。

サロンをはじめたばかりのときには、やってみたけどメニューを変更したい、ということもよくありますので、まずは気楽にはじめられるブログなどに挑戦してみるとよいと思います。

ただ、長期的にやる場合は、やはりブログだけでなく、HPが信頼や連絡のしやすさにもつながってきますので、将来的に見たらHPはあったほうがよいと思います。

サロンの信頼につながりますし、何より、独自ドメインを取ることで、他者に消されることのない場

64
part4

ブログやHPをつくった後の5つのチェックポイント

1 パソコン・スマートフォン・iPad・携帯電話など、さまざまな媒体からの見え方をチェック!

例:アメーバブログでは「メッセージボード」が携帯では表示されない、など。

2 広告が入っている場合はチェック!

サロンの信頼に関わるので、HPに関しては、信頼感を高めるためにサロンに関係ない広告は載せないようにしましょう(フリーのHPの挿入広告は有料にすると外せるところがほとんどです)。

3 連絡先がわかりやすい場所に入っているかチェック!

ページの一番上と、文章を読んだ後の一番最後の2箇所に入れることで、お客様が連絡しやすくなります。

4 検索したときに表示されるかをチェック!

有名サロンならともかく、実際にお客様が検索するときにはサロン名ではなく「アロマトリートメント」「カラーセラピー」などのメニューに「青葉台」「船橋」などの地域名を合わせた形で検索されることがほとんど。つくってしばらくして、検索に反映される頃に、いろいろなワードを入れて検索してみましょう!

5 お客様の声をチェック!

お客様がいらしたら、何でサロンを知ってくださったかを聞いてみましょう。「近くで○○できるところはないかと検索した」「○○のページからリンクで来た」など、いろいろな声が集まるはず。そこから、どんなところが自分のサロンを知っていただく入り口になるかがわかり、アプローチのヒントをもらうことができます。

lesson 05 サロンに使う部屋を決めよう

自宅に部屋がいくつもある場合は別ですが、一般的なおうちの場合はそこまでたくさんの選択肢で迷うことがないほうが多いと思います。

ただ、「ここ以外の場所では難しい」「うちではとてもサロンなんて無理」と思っていたのが、少し視点を変えてみたり、部屋を整えることでサロンにピッタリの部屋が見つかることもよくあります。

以前サロンプロデュースを受けてくださったAさんは、旦那様とお子様2人の4人家族で、フラワーアレンジメントの教室を開いていらっしゃいます。

「1階は家族が使う場所でごちゃごちゃしているから、2階の空き部屋以外では難しいんです。でも、その部屋は何だか居心地が悪くて長くいたくないんですよね」とおっしゃっていました。

2階のお部屋を改善する方法もありますが、お話を伺えば伺うほどAさんがそのお部屋を使いたくないのが伝わってきます。なので、思いきって「家族がいる時間はサロンをやらない」というルールをつくった上で1階のリビングを使う提案をしました。

Aさんは1カ月かけて頑張って整理整頓し、リビングをすっきりさせてから、サロンで使うお部屋を2階から1階のリビングに変更されたそうです。「台所が隣接しているのでお茶をお出しするのも楽だし、私が一番居心地の良い場所なので、リラックスできます。生徒さんにも好評だし、何よりリビングがきれいになって家族にも喜ばれました！」と、うれしそうにお話ししてくださいました。

動線を考えることも大事

Aさんの場合はリビングをサロンにして成功しましたが、どこをサロンとして使うとよいかは、業種や活動形態によって変わります。

料理教室をする場合は台所の近くである必要がありますし、家族がいる場合は、家族の動線や居心地の良さを考えることが必要です。そして、どの場合でも玄関やトイレからの動線は考えましょう。

part4

部屋がきれいになると良いことがいっぱい！

住む場所を
きれいにすることで、
自分や家族全体の
運気UPにもつながる！

頭がすっきり
クリアになり、
良いアイデアが
浮かびやすくなる！

「人を呼ぶ家」になり、
良いお客様を
引き寄せてくれる
家になる！

おうちサロンの事前準備

lesson 06 コンセプトに合わせた部屋づくりをしよう

2章で考えたコンセプトをもとに、サロンで使う部屋を整えましょう。サロンの部屋づくりは、お客様にどういう気持ちで過ごしていただきたいかによって変わります。

お客様にリラックスして過ごしていただきたければ、暖色系やパステルカラーなどの柔らかくて温みのある色を使い、小物や飾る絵なども、優しさを感じさせるものを飾るとよいでしょう。業種としては、ヒーリング、リラクゼーション、アロマトリートメントなど、人に癒しを与えるサービスを提供するものが適しています。

また、ネイルサロンや美容関係の場合は「美」を意識したお部屋づくりを、トールペインティングやステンシルの教室でしたら、カントリー調の雰囲気にするとよいかもしれません。

2章で決めたコンセプトに意識を向ければ、どんな雰囲気の部屋づくりをすればよいかが明確になっていきます。

立地の悪さを補う工夫は必要

私がオーナーを務める「ペールグリーン」の立地は、とても恵まれているとは言えない環境です。今では北海道や新潟、時には海外からも来てくださるお客様がいらっしゃいますが、わざわざ足を運んでくださるお客様に対しては、「癒されて幸せな気持ちになれるような、特別な時間を過ごしていただきたい」という強い気持ちを持ち続けています。

店舗を借りる場合は、人通りの多さや駅からの近さ、客層によって適した場所などを選ぶことができますが、おうちサロンの場合は、もう決まった場所である自宅で開業します。

マイナス要素があるのであれば、それを補うようなプラス要素を加えたり、マイナスをウリにつなげるような工夫をしたりと、どんな環境であったとしても、それを生かすも殺すも、本人次第なのだと思います。

テイストに合わせたサロンづくりのヒント

ほのぼの癒しテイスト

視覚：オレンジ・ピンクなどの明るい色や黄緑・黄色など自然をイメージする色
聴覚：ヒーリングミュージック・オルゴールやインストゥルメンタルなど
嗅覚：ラベンダーなどのリラックス効果のあるエッセンシャルオイルで爽やかな香り
味覚：ハーブティー・ココアなど、ホッとできる飲み物
触覚：ふわふわのクッションや暖かいひざかけなど手触りの良いもの

こだわりエスニックテイスト

視覚：茶色やオレンジ、黄色ベースの温かみのある色合い
聴覚：民族音楽、神秘的な音楽など
嗅覚：スパイシーな香り、お香など
味覚：豆にこだわったコーヒー、チャイなど
触覚：織物、木の置き物、バンブー・籐小物など

ほっこり和テイスト

視覚：若草色、小豆色などの落ち着いた色や四季をイメージする色、ミニ庭園
聴覚：小川のせせらぎや鈴、ししおどしの音、三味線の音など
嗅覚：お香やお線香（さまざまな香りがあります）を焚く
味覚：お抹茶と和菓子など
触覚：置き畳、座布団、ござ、柔らかい手ぬぐいなど

クールビューティーテイスト

視覚：クール系重視ならブルー系、ストライプ、ベージュなど、ビューティ系重視ならピンク・ホワイト系
聴覚：クラシック、女性ボーカル曲、ジャズなど
嗅覚：ミント系、柑橘系の香りの拡散
味覚：ローズヒップ、ルイボスティーなどの美容効果のあるお茶やペパーミントティーなどスッキリするお茶
触覚：ガラスなどの透明なものや座り心地の良いソファなど

lesson

07

あると便利な
隠し扉

せっかく来てくださったお客様にくつろいでいただくことは難しいでしょう。

自分のためにも、家族のためにも、そしてお客様のためにも、いつもゆとりを意識したいものですね。

ホケンの場所でゆとりを持とう

ゆとりを持つためには、早め早めの準備とともに、自分にいろいろな「ホケン」をかけておくのが有効です。ホケンは万が一に備えるもの。くつろいでいるときに急にお客様がいらしたり、片付けの時間が取れないときのホケンのひとつが「隠し扉」です。

忍者屋敷ではないので、誰にもわからない扉である必要はありません。急なお客様のときに「すぐに物を収納することのできるコーナー」をサロン部屋の中、または隣接する場所につくるのです。

仕事用の独立空間を持てる場合は別ですが、私のように生活する空間をサロンのお部屋として使う場合は特に、「隠し扉」はとてもありがたい存在です。

ただし、なるべく早めにもとの位置に戻すようにしないと、出したいときにすぐに取り出せなくなる「倉庫」となってしまいますので、注意が必要です。

自宅をサロンとして開放している場合、急に思いがけないことが起こることもありますし、時には整理整頓をする時間が取れないときもあります。

そんなとき、すべてを完璧にこなそうと思っていると、できない自分に腹を立てたり、サロンを続けていくことに難しさを感じることがあります。「家事も完璧」「仕事も完璧」と、完璧主義になってしまうと、それが達成できないときに自分を責めてしまい、サロンを続けていくのがつらくなります。

「自分を許せる人が人を許せる」と言います。いくら笑顔を見せても、「自分を許さない人」が持つゆとりのない雰囲気は伝わってしまいます。

サービスは完璧でも、それを提供しているサロンオーナーがゆとりのない雰囲気だったり、いつ行っても疲れていたり、不幸せオーラを放っていたら、

隠し扉はこんなに便利！

- セッションや講座で使う教材
- サロン運営で必要な知識を得るために必要な書籍
- 施術に使う道具や素材
- 朝、子どもたちが出しっぱなしにしたおもちゃ
- 取り込んでからたたむ暇のなかった洗濯物

POINT

店舗サロンに比べて生活感が出やすいおうちサロン。
「隠し扉」は生活感を隠すのに大活躍！

lesson 08 最低限必要なものを揃えよう

サロンをはじめるにあたって、お部屋づくりをとことんこだわりたいという気持ちも出てくるのではないでしょうか。そんな最初の気持ちは大切ですが、無計画に買い物をすると、経費を回収するまでにかなりの時間が必要になってしまいます。おうちサロンは、どうしても「金銭」に関する意識が低くなりがちなので気をつけましょう。

- サロンに置いたときにしっくりとはまるか
- 安心するために必要以上に在庫を抱えていないか
- 誰かが持っているから、誰かにすすめられたから「欲しい」と思ってしまっているのではないか
- 今、それが本当に必要で仕事で実際に使うか
- セールだからという理由で買おうとしていないか

以上に気をつけながら、揃えるものリストをつくって、よく検討してから購入しましょう。

徐々に買い足していくほうがムダがない

私も、サロンをスタートさせてから、買ってみたけど使う機会がほとんどなかったものや、サロンの雰囲気と合っていないことに帰って包みから出してみて気づいたことがあります。反対に、よく検討して、サロンにそれが置いてある状態や使っているところをイメージしてから買ったものは、少々高いものでも後悔したことがありません。

サロンをスタートさせてからはじめてわかることがたくさんあるので、最初は「必要最低限」のものだけを買い、その後少しずつ買い足したほうがムダがなく、サロンを自分テイストに整える楽しみがずっと続き、お客様にも変化を気づいていただけて話が弾んだりと、良いことがたくさんあります。

逆に、あまり節約しすぎないほうがよいのは「自己投資」です。セミナーや勉強会に参加したり、本を買ったりという、自分がスキルアップするために使うお金は、一番確実な先行投資です。勉強した経験や得た知識は、そのときに直接的に役に立たなくても、後から必ず生きてきます。

サロンで必要なものリスト

☐ 椅子や座布団
☐ ハンガー、スリッパなど
☐ タオル（手拭用、おしぼり用）
☐ 領収書
☐ カップ、お皿など

その他、サロンによって必要なもの
・テーブル
・コピー機
・パソコン
・名刺
・メニュー表

POINT

お客様それぞれに必要なものの数は
「サロン受け入れ最高人数分プラス2つ」を
用意しましょう。
例）同時に受け入れるのは3名様までだとしたら自分の分と予備を入れて5名分用意

lesson 09 サロン用の通帳は早めにつくろう

サロンをはじめる前に、「お客様もそんなに来ないだろうし、後でいいよね」と、後回しにしてしまいがちな「お金の管理」。後になればなるほど大変になりますし、忙しくなってから銀行などに行く時間も取りにくくなるので、なるべく早い段階でお金の管理をはじめましょう。

まず、一番に用意したほうがよいのはサロン用の通帳です。おうちサロンの場合は、出費・収入ともに生活費と混同しやすいので、お金の出入りを家と同じ通帳からにしてしまうと、確定申告など、書類を起こすときに苦労します。

しっかりと記録するとともに、サロン運営に関するお金の出し入れは、専用の通帳に統一し、お金の流れを把握しましょう。

郵便局でも銀行でも、通帳をつくるときにサロン名でつくるとなると、書類を用意する手間がかかりますが、個人名でつくるのであれば、銀行印と身分証明証だけ持って行けば、当日すぐにつくることができます。

いずれサロン名義の通帳をつくるとしても、最初の段階では個人用とサロン用の通帳を別管理することが目的ですので、まずは個人名義にしてよいと思います。

記帳もしっかり行なおう

最初に通帳に入れるお金は、個人からサロンに貸し出す形にします。その際、ノートだけでなく、直接通帳に記入すると後から見てわかりやすくなります（記入する場所は記帳が終わった部分だけにしましょう）。

また、ネットで購入する場合などに使うカードも、サロン用のカードをつくって、引き落とし先もサロン用の通帳からにすると管理が楽です。

日々の管理としては、収支の記入と領収書の保管を怠らないようにしましょう。

サロンのお金管理の一本化

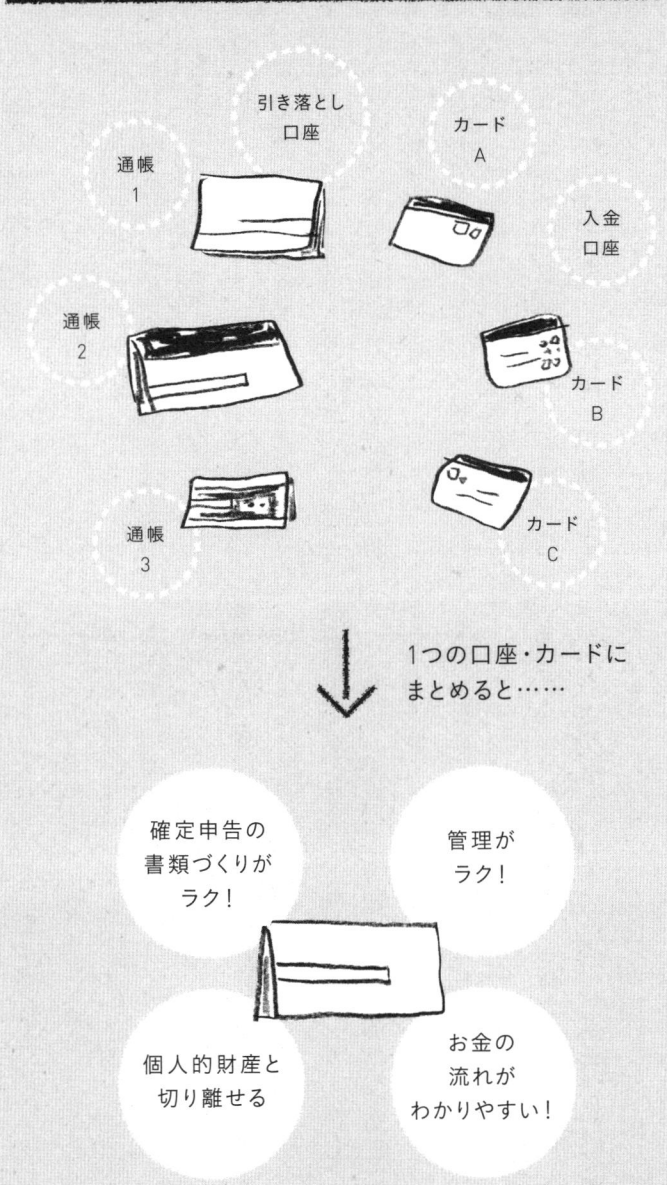

- 通帳1
- 引き落とし口座
- カードA
- 通帳2
- 入金口座
- カードB
- 通帳3
- カードC

↓ 1つの口座・カードにまとめると……

- 確定申告の書類づくりがラク！
- 管理がラク！
- 個人的財産と切り離せる
- お金の流れがわかりやすい！

lesson

10 サロンを はじめるときに 必要な届出

どんなサロンでも共通して必要な役所への届出としては、税務署に提出する「個人事業の開業届出書」と確定申告です。

「個人事業の開業届出書」は原則として開業した1カ月以内に届出とありますが、過ぎてからでも受け付けてくれますし、特に罰則がないため、後から提出する人も多いのが現状のようです。

確定申告は、税金を納付（または還付）するために、前年度の収入や控除についての書類を2月から3月にかけての確定申告の時期に提出します。「白色申告」にするか「青色申告」にするかで必要な書類が違います。

「青色申告」にする場合は「個人事業の開業届出書」を提出した年の3月までか、後から届出を出す場合は、3月までに提出するとその年から適応になりますが、それ以降の場合は翌年から適用となります。

税金面での優遇は青色申告の方がメリットが多いのですが、簿記の知識があるか、会計ソフトを使える方でないと難しいかもしれません。申告や届出については年度によって決まりが変わる場合がありますので、詳しくは税務署や税理士さんに聞いてみましょう。

苦手なら、専門家に頼ろう

以前、税務署の電話相談に届出についての質問をしたことがありますが、知識ゼロでスタートしてしまった私に、電話口の女性が、噛み砕いた表現でわかりやすく教えてくれました。ちなみにこちらの名前を聞かれることもありませんでした。

電話に出る方によって対応の違いはあると思いますが、わからなくていろいろ調べた結果、私の理解力では「？」だったことがほんの10分程度で解決できたので、「聞いてよかった」と思いました。

計算が苦手な方は、税理士などの専門家にお願いするというのも選択肢のひとつだと思います。

part4

サロンをやるときに必要な届け出一覧

どの業種でも必要な届出

・個人事業の開業届出書……提出先＝税務署
・確定申告……提出先＝税務署

業種によって必要な届出

［食品の製造・販売］
　食品衛生取り扱い許可書……提出先＝保健所
　必要な免許……食品衛生責任者

［美容院・まつげエクステ］
　美容所開設届出書……提出先＝保健所
　必要な免許……美容師免許

［化粧品の製造・販売］
　化粧品製造業許可申請書……提出先＝都道府県庁
　化粧品製造販売業許可申請書……提出先＝都道府県庁
　※自分で化粧品をつくって売る場合のみ必要
　（市販品の販売は不要）

［古物の販売］
　古物商許可申請書……提出先＝警視庁
　※古物とは、一度使用された物品と、使用されなくても
　　いったん消費者に渡ったものはすべて古物の扱いになる
　　（お中元などの新古品）

POINT

事前にどんな許認可・届出が必要か
調べてからスタートしましょう！

※業種、都道府県、年度によって必要な届出は変わります。
また、個々のサロンに必要な届出や資格は異なりますの
で、必ず各自の責任においてしっかり調べましょう。

part

5

おうちサロンの1日

お問い合わせから
アフターフォローまで

lesson 01 お問い合わせはご縁のはじまり

あなたのサロンに興味を持って、行ってみたいと思ってくださったお客様が次にするアクションは「お問い合わせ」です。

この段階では、まだ問い合わせてくださった方が来てくださるとは限りません。

お問い合わせはメールや電話でのやりとりが主となります。人は言葉よりも表情を含めた外見や雰囲気などからより多くの情報を得られますが、電話やメールだと、誤解が生じやすい一面があるので、より注意が必要です。

電話の場合はいつもの声より少し高めの聞き取りやすい声で、早口にならないように気をつけましょう。電話越しの表情は意外と相手に伝わるものです。実際にお会いしていることをイメージして笑顔で応対することで、心から歓迎している気持ちがお客様に伝わります。

メールの場合は声も届かないので、文面がきつい印象にならないように、電話よりもさらに、心のこもった温かい表現を心がけましょう。

ただのお問い合わせで終わらせないコツ

人によっては、わからないことや聞きたいことがあっても、質問することに抵抗感のある方もいらっしゃいます。電話もメールも、最後に「何かわからないことなどがありましたら、ご遠慮なくお問い合わせください」という言葉を入れるようにします。そこから先に続くご縁になるか、ただのお問い合わせで終わるかが決まることもあります。丁寧に応対しましょう。

でも、時にはお問い合わせのみでご予約をいただけないこともあります。自分ができる精一杯のことをやった上での結果であれば、何も気にすることはありません。ご連絡をいただけたことへの感謝の気持ちを込めてお返事をしましょう。中には、そのときはご縁がなくても、数カ月後に改めてご予約をくださるお客様もいらっしゃいます。

郵便はがき

101-8796

511

料金受取人払郵便

神田支店
承　認
8175

差出有効期間
平成28年7月
14日まで

（受取人）
東京都千代田区
　神田神保町1-41

同文舘出版株式会社
愛読者係行

毎度ご愛読をいただき厚く御礼申し上げます。お客様より収集させていただいた個人情報は、出版企画の参考にさせていただきます。厳重に管理し、お客様の承諾を得た範囲を超えて使用いたしません。

図書目録希望　　有　　　　無

フリガナ		性別	年齢
お名前		男・女	才

ご住所	〒 TEL　　（　　）　　　　Eメール
ご職業	1.会社員　2.団体職員　3.公務員　4.自営　5.自由業　6.教師　7.学生 8.主婦　9.その他（　　　　　　　）
勤務先 分　類	1.建設　2.製造　3.小売　4.銀行・各種金融　5.証券　6.保険　7.不動産　8.運輸・倉庫 9.情報・通信　10.サービス　11.官公庁　12.農林水産　13.その他（　　　　　　　）
職　種	1.労務　2.人事　3.庶務　4.秘書　5.経理　6.調査　7.企画　8.技術 9.生産管理　10.製造　11.宣伝　12.営業販売　13.その他（　　　　　　　）

愛読者カード

書名

- ◆ お買上げいただいた日　　　　年　　　月　　　日頃
- ◆ お買上げいただいた書店名　（　　　　　　　　　　　）
- ◆ よく読まれる新聞・雑誌　　（　　　　　　　　　　　）
- ◆ 本書をなにでお知りになりましたか。
1．新聞・雑誌の広告・書評で　（紙・誌名　　　　　　　）
2．書店で見て　3．会社・学校のテキスト　4．人のすすめで
5．図書目録を見て　6．その他（　　　　　　　　　　　）
- ◆ 本書に対するご意見

- ◆ ご感想
- ●内容　　　　良い　　普通　　不満　　その他（　　　）
- ●価格　　　　安い　　普通　　高い　　その他（　　　）
- ●装丁　　　　良い　　普通　　悪い　　その他（　　　）
- ◆ どんなテーマの出版をご希望ですか

＜書籍のご注文について＞
直接小社にご注文の方はお電話にてお申し込みください。 宅急便の代金着払いにて発送いたします。書籍代金が、税込 1,500 円以上の場合は書籍代と送料 210 円、税込 1,500 円未満の場合はさらに手数料 300 円をあわせて商品到着時に宅配業者へお支払いください。

同文舘出版　営業部　TEL：03 - 3294 - 1801

ご予約をいただけなかった理由

日程や料金などの条件が合わない

・希望する日に予約が取れない
・金額的に厳しい

問い合わせを同時にいくつかのサロンにしている

・候補サロンを、金額や内容などについて比較検討した結果、他サロンのほうが条件に合った

問い合わせ後にもっと近場にサロンを見つけた

・問い合わせ後に、近場で受けたいサービスを提供しているところがあることがわかった

行けない事情ができた

・中には、体調他の諸事情で、行こうと思って問い合わせたものの、行けなくなることもある

など

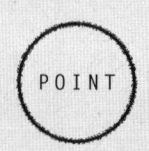

POINT

誠意を持って対応したとしても、時にはお問い合わせのみでご予約いただけないことも……。
お客様側の事情でご予約をいただけないことがあることも理解し、必要以上に落ち込まないようにしましょう。

lesson 02 時には断る勇気も必要

「お問い合わせ」のときは、お客様がサロンを選ぶときであると同時に、サロン側もお客様を選べるときです。

このように言うと、上から目線のように感じてしまうかもしれませんが、サロン側がすべてのお申し込みを受けなくてはいけないわけではありません。時には、この段階でお断りする場合もあります。

お断りするケースとしては、

・お客様のご要望を受けることができない場合
・否定的な言動が多く、こちらに来ていただいてもご満足いただけないと判断した場合
・医療などの治療が必要な場合
・以前連絡なしのキャンセルをしたお客様
・何かの勧誘につなげる意図が感じられる場合

などがあります。

サロンをスタートさせて、特にまだあまりご予約が入らないときにお問い合わせをいただくと、うれしくて、少しムリだと思えるご予約でも受けたくなります。でも、できないことや、最初からご満足いただけないと思えることを受けてしまうことで信頼をなくしてしまうこともあります。

できないことを明確にするのはお客様のため

さまざまなカラーの「サロン」があるのと同じく、さまざまなカラーの「お客様」がいらっしゃいます。「カラー」には良いも悪いもありません。「合う」か「合わない」かだけです。

サロンとお客様の関係も同じで、「合う」か「合わない」かだけの問題なのだと思います。

サロンオーナーが受けられることと受けられないことを明確にしてお伝えするのは、お客様がご自分のカラーに合うサロンに出会うためにも必要なことです。また、お客様をお断りするような減ることもあるはずです。穏やかで誠実な対応を心がけながらも、できることとできないことを明確にして、きっぱりと一線を引く潔さも、時には必要です。

お客様は同じカラーのサロンを選ぶ

POINT

「できること」と「できないこと」を明確にすることで、
お客様が自分のカラーに合うサロンを
見つけやすくなります。

おうちサロンの1日　お問い合わせからアフターフォローまで

lesson 03 お問い合わせ時に伺うこと

お問い合わせをいただいたとき、伺うことを忘れたり、お伝えするのを忘れないように、チェックリストをつくると、お互い不要なやりとりが減って楽です。

左ページでは、私がお問い合わせフォームに入れている項目や、ご予約時に伺うこととお伝えすることをチェックリストにしましたので、参考にしてください。

お問い合わせ時に伺うポイント

・お名前……ネットでのお問い合わせの場合、本名ではなく、ブログネームなどをお問い合わせフォームに書かれるお客様もいらっしゃいます。私はお問い合わせの時点では本名は特にお聞きしませんが、正式にご予約をお受けするときには本名をお聞きしています。

・ご住所……こちらもお名前と同じく、正式なご予約時にはお聞きしています。

・お電話番号……お問い合わせフォームではなく、メールのやりとりで教えていただく場合は、なるべくご予約当日にご連絡を取ることができる携帯電話の番号を伺っています。

・メールアドレス……こちらは、お問い合わせの時点から必須で書いていただきます。
以前、お問い合わせフォームのお客様のメールアドレスが間違っていて、ご連絡が取れずに困ったことがあります。そのときは、既存のお客様のご紹介だったので大事にはなりませんでしたが、そのときの反省を生かして、問い合わせフォームのメールアドレス欄は2回打ち込んでいただくようにしています。

・ご希望のメニューと日時……お客様のご希望日が埋まっていたり、希望講座が定員いっぱいになってしまっている場合は何回かやりとりすることがあります。日程をスムーズに決めるためにも、第3希望まで伺うようにするとよいでしょう。

お問い合わせ時に伺うことリスト

☐お名前
　……お申し込み時は本名で。

☐ご住所
　……お問い合わせ時はなくてもOK。

☐お電話番号
　……できればご予約当日に連絡が取れる携帯の番号を。

☐メールアドレス
　……間違い防止のため2回打ち込んでいただく。

☐メニュー
　……ご希望のメニュー名の確認。

☐ご希望の日時
　……第3希望まで伺うと調整しやすい。

POINT

HPなどでお問い合わせフォームをつくったら、まずは自分で打ち込んでみて、不備がないか確認しましょう。

lesson 04 ご予約確定時にお伝えすること

お問い合わせ時のやりとりがあり、いよいよご予約が確定した後には、確認とお知らせのメールを送りましょう。

電話で連絡をした際も、ご予約いただいた内容をメールにしてお客様に送るようにします。誰にでも言い間違いや聞き間違い、勘違いなどはあるものです。メールやFAXなどで、双方に残る形にしておくことは、後から「言った」「言わない」というトラブルを防止するためにも有効です。

お伝えすることも、うっかり言い忘れた……ということがないように、チェックリストにしておくと安心です。

ご予約確定時にお伝えするポイント

・ご予約のメニューと日時……勘違いは誰にでもあります。月・日・曜日・時間をすべて、改めてお伝えしましょう。また、サロンの後に予定を入れる方もいらっしゃいますので、アロマトリートメントなどの場合は着替えやお茶の時間は施術時間に含まれるかどうかもお伝えするとよいでしょう。

・サロンへの行き方……おうちサロンの場合は、詳しい住所や行き方はご予約確定時にお伝えしたほうが安心です。駐車場の有無や、電車やバスの本数が少ない場合は時刻もお伝えしましょう。

・料金……延長の場合の料金、どこまでが料金に含まれるかもお伝えしましょう。マッサージなどの場合はタオルの貸し出しなどは料金に含まれるか、まつげのエクステなどは本数を増やしたときの料金などの他、キャンセルポリシーについてのお知らせもします(何日前までキャンセルOKか、キャンセルの場合に料金が発生するかなど)。

・その他……子ども連れが可かどうかも伝えましょう(可の場合は親御さんの責任で見ていただくことも伝えます。特別な日や時間帯のみお子様連れ可にする場合は、それについてもお知らせしましょう)。

ご予約確定時にお伝えすることリスト

□ご予約のメニュー
　……メニュー名だけでなく内容も伝えると親切。

□ご予約の日時
　……月・日・曜日・時間
　　（着替えなども含めた終了時間の目安も）。

□サロンへの行き方
　……最寄り駅からの行き方は特にわかりやすく伝える。

□駐車場の有無
　……近くにコインパーキングがあるかどうかを連絡。

□料金
　……どこまでが料金に入るかを明確に提示。

□持ち物
　……着替え、筆記用具などあれば伝える。

POINT

メールやFAXなど、
形に残るものでお伝えすることで
勘違いによるトラブルを防止できます。

lesson 05 前日メールはうっかり&ドタキャン防止に効果大

自宅でサロンをやっている方にお話を伺うと、「急なキャンセルが頻繁にあって困る」という意見を聞くことがあります。

急に熱が出てしまったり、電車が止まったり……といった本当にやむを得ない事情ならともかく、中には当日のキャンセルを気楽にしてしまう方もいらっしゃいます。

私も過去に当日キャンセルがありましたが、施術時間や講座時間の2倍以上の時間を準備にかけるため、しっかり準備した後にキャンセルがあると、何とも言えない脱力感がありました。

事前にわかるだけで、他の予定にあてたり、キャンセル待ちのお客様に連絡をすることができるので、ご予約の時間、準備時間をムダにすることがありません。

前日メールのメリット

私が、当日キャンセル（ドタキャン）を経験してからずっと続けているのが「前日の確認メール」です。この「前日メール」を送るようになってから、本当にやむを得ないと思える事情以外の当日キャンセルはほぼなくなりました。

また私のサロンでは、1ヵ月以上前にご予約をしてくださるお客様が多いため、「うっかり防止」の意味でも前日メールは効果を上げています。以前、私が送った前日メールを見て「あれ？　理香さん来週なのに勘違いしてる？」と思って手帳を見たら、私が勘違いしていたんです！　という返信をいただいたこともあります。

私自身が忘れっぽいほうなので、どんな予定でもすぐに手帳に書き込むようにしているのですが、自分自身の確認のためにも、前日メールは役立っています。

勘違いやうっかりを防ぎ、当日キャンセルのけん制にもなるなど、前日メールにはたくさんのメリットがあります。

前日確認メールの内容

○○さま
こんにちは！

明日の数秘学講座は○時開始、○時終了予定となります。 】開始時間と終了時間

○○駅○時半発のバスでいらしてください。
降りるバス停は○○です。 】電車・バスの本数が少ない場合は、発車時間を知らせる

筆記用具と前回お渡ししたテキストをお持ちください。 】持ち物のお知らせ

何かご質問がありましたら、ご遠慮なくご連絡くださいね。 】質問をしやすい状態に

明日、○○さまにお会いできますのを楽しみにしています！ 】こちらの歓迎の気持ちをお伝えする

※お知らせメールですので返信不要です。 】お客様の負担を減らすために「返信不要です」の一文を

ペールグリーン 赤井理香

lesson 06 「モノ」の準備と「ココロ」の準備

事前にしっかり用意したと思っても、翌日使うものは前日に改めてチェックすると安心です。

おうちサロンの場合、完全なサロン部屋がある場合は別ですが、そうでない場合は道具を出しっぱなしにしておくわけにはいかないことが多いと思います。前日に、翌日の施術や講座で使う道具が揃っているかチェックをし、資料をお渡しする場合は人数分あるかも確認しましょう。

前日チェックは、毎回考えながらだと大変ですが、大体揃える道具や資料などは決まっています。メニューごとの「チェックリスト」をつくることで、ルーティーンワークとして効率的に短時間で済ませることができます。

イメージトレーニングでサロンモードに

「モノ」の準備ができたら、次は「ココロ」の準備をしましょう。

「ココロ」の準備は、イメージトレーニングがおすすめです。特にサロン業務に慣れるまでに効果を実感しやすいと思いますが、実は、サロン業務に慣れた頃こそ、本当の効果を発揮します。

私は約10年間、七田チャイルドアカデミーという幼児教室の講師をしていたのですが、講師になりたての頃、何回も練習をして、模擬レッスンをしても不安は拭えず、レッスン前は毎回緊張していました。

そんなときに、教室オーナーの寺下先生ご夫妻に「良いイメージを持つことで現実になる」「不安なときは何回もレッスンの流れをイメージすることで当日のレッスンが良いものになる」ということを、教えていただきました。

事前にレッスンで起こり得る「不安要素」を見つけることができ、実際に起こり得る「不安要素」を見つけることができ、実際にその場にいるようにワクワク・ドキドキと感情が動くほどに想像できたとき、現実もイメージ通りになっていることに気づくでしょう。

イメージトレーニングの幼児教室での例

子どもが飽きたときに時間が余るかも？
↓
時間が余ったとき用の予備の取り組みをもう1つ用意する。

この取り組みに興味を持たないかも？
↓
興味を持たなかったとき用に、同じ知識を伝えることができる別の取り組みを用意しておく。

取り組みが長引いて時間が足りなくなるかも？
↓
今日絶対に伝えたいこと、持って帰ってもらいたい知識を優先的にレッスンの前半に持ってくる。

POINT

おうちサロンも、事前にどのくらい検討し、
準備したかが成功の鍵を握っています。
事前に何回もイメージトレーニングをして、
「不安要素」を1つひとつ潰していき、
サービスの質を高めましょう。

lesson 07
お客様をお迎えする当日のチェックポイント

前日にサロンとして整えておいたほうがよいのですが、自宅兼サロンの場合、当日の朝に「自宅」から「サロン」に変身させる必要がある場合も多いと思います。

生活することで発生する匂いや、残留する「気」をなくしてリセットするために、窓を開け放して掃除機をかけます。たとえば、部屋に入る直前に誰かがケンカをしていた場合、目の前でケンカをしていなくても、後から入った人はトゲトゲした気配を感じることがあります。窓を開け放して空気を入れ替え、「気の浄化」をしましょう。

玄関とトイレはしっかりチェックして

サロンとして使う部屋の他に、ここだけは押さえておきたいという場所が、玄関とトイレです。

玄関はお客様が一番最初に足を入れるところで

す。よく、出会う人の第一印象が、その後の印象にも影響すると言いますが、サロンでも同じです。サロンに訪れて一番最初に足を踏み入れる場所の印象が、その後のサロンに対する印象にも影響を与えます。

立派な玄関である必要はないですし、我が家も、とても立派で掃除が行き届いているとは言えないのですが、必ず朝は出ている靴はすべてしまい、玄関を開け放して掃き掃除をしてから、お香を焚いています。玄関を開けたときに漂う白檀やグリーンティーのお香の香りはご好評いただいています。

また、もう1カ所のトイレは、限られた空間で1人で入るため、隅々までじっくり見られる確率が高い場所です。サロン部屋がきれいでも、トイレが汚れていると、印象が悪くなります。

お客様をお迎えする朝は、サロン部屋・玄関・トイレの3カ所は、時間がなくても掃除をしましょう。そして、全体に良い香りを漂わせ、心地良い音楽を流すことで、朝のバタバタとしたあわただしい気をリセットするとともに、自分自身もサロンモードへの切り替えがスムーズにできます。

トイレ掃除のチェックポイント

☐ 便器はきれいか？　カバーがあれば交換

☐ 床はきれいか？　マットがあれば交換
　　（私の場合、毎日の掃除のときに手間がかかるのといやな臭いを吸収しやすいのでマットもトイレカバーも使っていません）

☐ トイレットペーパーや手を拭くタオルが補充されているか？
　　（私は、今はペーパータオルを使っています）

☐ 洗面台がきれいか？

☐ 良い香りがしているか？
　　（私は、最後に電気式アロマキャンドルで柑橘系かミント系のアロマを焚いています）

POINT

マメに掃除をしていれば、
5分程度の短い時間でも十分きれいになるので、
毎朝の習慣にするのがオススメ！

lesson 08 お客様がいらしたら

さあ、いよいよお客様がサロンにいらっしゃいました。まずは玄関で笑顔でお迎えして、サロン部屋にお通ししましょう。おしぼりとお茶をお出ししながら自己紹介をしたり、お客様のご様子を伺います。
はじめてのお客様の場合は、サロンに来てくださったことへの感謝とともに、来てくださった理由などをお聞きしながら、リラックスできる雰囲気づくりを心がけましょう。
リピーターのお客様の場合は、最近のご様子を伺ったり、前回からの変化で気づいたことがあればお伝えします。

接客のスキルも磨こう
人と接するお仕事の場合、「変化」に気づく感性は必要です。

・髪型が変わった
・いつもと服やメイクの雰囲気が違う
・目の輝きや表情が前回と違う
・身につける色が変わった

など、変化にもいろいろな種類があります。
それに気づく感性は、接客業には欠かせないものだと思います。ただし、聞いたときに相手がいやな気持ちになったり、暗い気持ちになるような、ネガティブな表現はしないようにしましょう。
人に言われると、それまで気にならなかったことも気になり出すものです。
たとえば、「顔色悪いね。疲れてる?」と言われたとたんに、すごく疲れているような気がしてしまう……といったようなことはありませんか?
もちろん、相手との関係やその会話の前後のやりとりによっては、言われた相手が気にしてしまう可能性があることを伝えるときは、表現に気をつけましょう。サロンまで足を運んでくださったお客様に、幸せな気持ちで過ごしていただけるように心がけることで、こちらの表情や話しかける言葉が、自然と温かいものになるはずです。

温かいおもてなしを！

こんにちは。
髪型を変えられましたか？
お似合いですね！

新規のお客様
には安心して
いただくことを
第一優先で！

リピーター様は
前回との変化に
気づこう

はじめまして！
○○と申します。どうぞよろ
しくお願いします。

今日は遠いところを
ありがとうございました。
お会いできてうれしいです！

心からの笑顔で
お迎えしよう

lesson 09 緊張したときの対処法

すべては自分のとらえ方次第

子どもたちの前では緊張しないのに、大人を前にすると極度に緊張してしまう私は、学生時代のベビーシッターにはじまり、幼稚園、保育所と、子どもも相手の仕事ばかりを選んできました。

出産後に、子ども関係の仕事だと思って選んだ幼児教室は、なんと「親子参加型レッスン」で、保護者の方が同席するレッスンだったため、かなり緊張しました。1年間のクラス担任制だったのですが、最初の3カ月くらいは、「レッスンの進め方に満足してるかな?」「去年のベテランの先生と比べられて不満に思っているかも」など、親御さんの目が気になって仕方ありませんでした。親御さんの目を気にすればするほど緊張してしまい、レッスンがかたく、つまらないものになってしまうジレンマを抱えていました。

そんな自分がいやで、本を読み漁ったり先輩に相談する中で、必要以上に緊張してしまうのは、「相手」に向けるべき意識を「自分」に向けてしまっていたことが原因だったのだとわかりました。

私の緊張は、「自分への評価」が気になっていたことが理由でした。そこで、「相手がどう思うかは相手の自由」「意識を向けるのは、自分がどう思われるかではなく、相手に対してどうしたいかだけ」という意識を持つようになってからは、緊張しなくなりました。

「自分がどう思われるか」が気になっていたときは、レッスン中に親御さんの表情が気になっていたのですが、「相手」に意識を向けるようになってからは「来てくれた子どもとお母様に何を持って帰っていただきたいか」に集中できるようになりました。

今、緊張しやすい方は、もしかしたら「自分」に意識が向いてしまっているのかもしれません。まずは「未熟な自分」を認めて、相手に興味を持つことからはじめましょう。

5つの接客チェックポイント

1. お客様が安心して過ごせていますか？

2. リラックスできる雰囲気ですか？

3. サービスの内容に満足していただけていますか？

4. お客様の不安と問題を解消できていますか？

5. 何か質問があったり、居心地の良くないときに
それを伝えやすい雰囲気ですか？

POINT

「自分にできる最大限の努力をしたら、
あとの評価は気にしない」と腹をくくることで、
必要以上に緊張することなく、
相手に向き合うことができるようになります。

lesson 10 別れ際の印象を大切に

「終わり良ければすべてよし」や「立つ鳥跡を濁さず」という言葉が表わす通り、どんなに途中が良くても「一番大切なのは最後」なのはおうちサロンも一緒です。

おうちサロンで言う「最後」とは、「お客様がお帰りになるとき」を指します。どんなにサービス中の対応が良くても、最後にいい加減だったり誠実でない対応をすれば、一番記憶に残るのは「途中」の良かったことではなく「最後」の悪かったことになってしまいます。

前に、主婦でサロンオーナーをやっていらっしゃる方から、お子さんが帰ってくる時間になると、「ついそちらに意識がいってしまう」というお話を伺ったことがあります。母親として心情的には理解できますが、これは、事前にお客様に終了時間をご了承

いただくようにしたり、子どもに言い聞かせたり、サロンと家の区別をしっかり持つようにすることで解決できる問題です。

お客様と接しているときには「お客様にご満足いただくこと」が意識の一番上に来るようにしましょう。プロとしての自覚を持つことで、自然と「お客様の満足」に常に意識が向くようになるのだと思います。お客様の姿が見えなくなるまではサロンオーナーとしての意識は持ち続けるようにしましょう。

最後の瞬間まで気を抜かない

次のお約束（ご予約）があれば、帰り際にその確認をします。

また、おうちサロンの場合、ついついお友達をお呼びしたような気持ちになって、代金をいただくことを忘れてしまいがちです。最初にいただくか、最後に忘れないように事前にお振込みいただくように事前にお振込みいただくようにするか、最後に忘れないように事前にお振込みいただくのもひとつの方法です。

そして、お客様がお帰りになるときには、今日いらしてくださったことへの感謝の気持ちを伝え、お客様の幸せを祈る気持ちでお見送りしましょう。

別れ際を大切に！

感謝
来てくださったことへの心からの感謝の言葉を伝えます。

振り返り
一緒に過ごした時間に感じたことがあればプラスのメッセージとして伝えます。

次につなげる一言
次のご予約が入っていれば、次回のことについて触れます。

POINT

お客様の姿が見えなくなるまで
温かい気持ちでお見送りしましょう！

lesson 11 終了後の3つのアクション

お客様がお帰りになって休憩する前に、もうひと頑張り。3つの仕事をしてからゆっくりしましょう。

それは、①片付け、②明日の準備、③メールの3つです。

①片付け

今日使ったものを片付けて、お客様から次のご予約・ご注文があったり、次回お会いするときまでのお約束をしている場合は、それらを記録しましょう。

私の場合は「次のご予約」「次回お渡しする商品」「ご質問があった場合はその内容とお答えする日」「気づいたこと」「次回に生かすこと」などすべて手帳に書いています。「お客様ノート」をつくってもよいと思います。

ご予約やお約束については、そのときは覚えていても、ふとした瞬間に忘れてしまうこともあります。

②明日の準備

詳しくは「前日の準備」のところに書きましたが、「休む前」に続けてやってしまったほうが効率し、万が一抜けてしまったら大変ですので、お受けしたその場で書くように習慣づけましょう。

③メール

「前日の準備」のところで書いた「確認メール」の他に、接客中にいただいたメールに返信をします。

その日に来る予定のお客様がいらした時点で携帯をマナーモードにして、特別なことがない限りは、講座中と接客中の連絡には出ないようにしています（当日急遽連絡が入る場合もあるため、全員揃うまでは音が出るようにしています）。

日中にいただいた連絡へのお返事は、すべてのお客様がお帰りになっていただいた夕方以降にしています。また、接客中に気になること（表情や会話など）があったお客様には、アフターフォローのメールを送り、お客様の不安感をなるべく早く解消するようにしています。

DO BOOKS NEWS

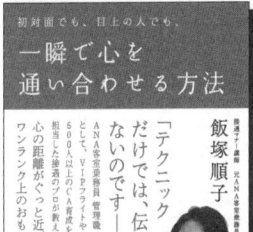

同文舘出版のビジネス書・一般書　2015/12

DO BOOKS 公式ブログ http://do-books.net

初対面でも、目上の人でも、一瞬で心を通い合わせる方法

飯塚 順子著

接遇とはテクニックではなく、心を伝えること。30年間ANA客室乗務員として数々のVIPフライトを担当、管理職として600人以上のCAを育成し、ホテルコンシェルジュの経験も持つ接遇のスペシャリストが、「心を揺さぶるおもてなし」について紹介。「LIVE COMMUNICATION＝臨機応変に気づく力」の磨き方　　　本体1,400円

あなたの店を超繁盛店に変える「9つのテクニック」

佐藤 志憲著

お客様を"買う気"にさせるテクニック！集客方法や情報発信の仕方を工夫すれば、店まで来てもらえるようになる。店頭演出、店内レイアウト、接客、商圏の見つけ方、DM戦略、提携術、口コミ、顧客管理など、お客様と強い信頼関係を築くことで集客し、買っていただく「身内化」の実践ノウハウを教える　　　本体1,500円

●創業119年

同文舘出版株式会社

〒101-0051　東京都千代田区神田神保町1-41
TEL03-3294-1801/FAX03-3294-1807
http://www.dobunkan.co.jp/

本体価格に消費税は含まれておりません。

★ DO BOOKS 最新刊 ★

直販・通販で稼ぐ！ 年商1億円農家
お客様と直接つながる最強の農業経営

寺坂 祐一著

規模拡大せずに、農家が直販・通販で稼ぐ方法！今こそ、農家は「自分で売る力」を取り戻す時。「ダイレクト・マーケティング」で、お客様一人ひとりとつながり、感謝されながら、しっかり儲ける直販農家の取り組みを紹介　　　　**本体 1,500 円**

お客さまがお店のことを話したくなる！
クチコミ販促 35 のスイッチ

眞喜屋 実行著

クチコミは、お店がしかけて「スイッチ」を押すことで、お客さまから自然と生まれるもの。「話材・Hotな気持ち・アイテム」を提供して、お客さまがお店のことを話したくなる状況をつくる、小さなお店のクチコミ販促ノウハウを公開　　**本体 1,400 円**

"来てほしいお客様" で溢れる！
「サロン集客」の教科書

阿部 弘康著

クーポン誌に頼った集客にウンザリしていませんか？「クーポン目当てのお客様」よりも、「リピーターになるお客様」を狙おう！　新規集客に困らずに、いいお客様に恵まれ、安定的に売上を伸ばすサロン集客ノウハウ&事例を紹介　　　　**本体 1,600 円**

DO BOOKS 公式ブログ http://do-books.net

ビジネス書

社員をホンキにさせるブランド構築法
会社を強くする「チームブランディング」の基本と実践
一般財団法人ブランド・マネージャー認定協会著 本体2000円

「eBay」で月50万円稼ぐ法
日々の内外価格差のリサーチ力を身につけて、効率よく稼ぐ！
藤木 雅治著 本体1700円

小さな運送・物流会社のための 荷主から信頼される！「プロドライバー」の教科書
「事故なし、マナーよし」のスキル＆マインド
酒井 誠著 本体1800円

学校では教えない 儲かる治療院のつくり方
癒しと健康を提供する方必読の、繁盛院づくりの教科書
吉田 崇著 本体1700円

最新版 "地域一番" 美容院 開業・経営のすべて
激戦時代を勝ち残る「サロン開業・経営のバイブル」最新版
宮川 洋著 本体1700円

コストはほぼゼロで安定収入が得られる運営ノウハウを解説 「ネットセミナー」「動画配信」して稼ぐ！のはじめ方
知識・ノウハウをやまうちよしなり著 本体1700円

これ一冊でよくわかる！売上につながるディスプレイ
スタッフがすぐに取り組める具体的なアイデアが満載！
沼田 明美著 本体1700円

お客様から教わった 営業で大切なたったひとつのこと
厳しさを増す保険営業の世界で「選ばれる営業マン」になる
佐藤 綾著 本体1400円

今すぐ身につき、自信が持てる！新人のビジネスマナー
デスクに1冊あれば、グンと差がつき、自信が持てる仕事のコツ
元木 幸子著 本体1300円

独学・過去問で効率的に突破する！「司法書士試験」勉強法
本気で受かりたい人のための、学習計画の立て方・進め方
三木 邦裕著 本体1600円

モチベーションをキープして合格を勝ち取る！「社労士試験」勉強法
合格への方程式は、「品質×時間×目的×習慣」
牧 伸英著 本体1500円

独学・過去問で効率的に突破する！「技術士試験」勉強法
余計な回り道をせず理系最高峰資格の合格ラインを超える！
鳥居 直也著 本体1600円

独学で確実に突破する！「行政書士試験」勉強法
普通の人が、働きながら、独学で合格を勝ち取る方法
太田 孝之著 本体1500円

過去問で効率的に突破する！「中小企業診断士試験」勉強法
過去問をフル活用して合格をめざす「超・効率的」勉強法
日野 眞明監修／斎尾 裕史著 本体1500円

独学・過去問で確実に突破する！「社労士試験」勉強法
過去問に焦点をあてた「省エネ」勉強法で合格を勝ち取る！
池内 恵介著 本体1500円

ビジュアル図解 物流センターのしくみ
経済・流通活動にとって欠かせない物流センターの知識を解説
臼井 秀彰編著／田中 彰夫著 本体1800円

好評既刊

図解 なるほど！これでわかった よくわかるこれからの店舗のロス対策
流通業・サービス業のためのロスの発見・対策法
望月 守男・秋山 哲男 著
本体1900円

ラクに書けて、もっと伝わる！ 文章上達トレーニング45
楽しみながらできるトレーニングで、文章力がアップする！
小川 晶子 著
本体1300円

お客様が「減らない」店のつくり方
「2つのDM」で売上げを伸ばす、具体的手法を公開！
高田 靖久 著
本体1500円

売れ続ける販売員になるための「あきらめないこころ」のつくり方
「カリスマ販売員」が、毎日実践していた考え方やノウハウ
たかみず 保江 著
本体1400円

図解 トラブルを防ぐ！ 外国人雇用の実務
外国人労働者の雇用と活用を進めるための1冊
中西 優一郎 著
本体1700円

店長とスタッフのための 接客 基本と実践
接客力がぐっと上がる、現場で役立つノウハウが満載！
鈴木 比砂江 著
本体1500円

リピート率9割を超える小さなサロンがしている お客様がずっと通いたくなる「極上の接客」
本当に大切なワンランク上の接客をわかりやすく解説
向井 邦雄 著
本体1400円

お客様のニーズをとことん引き出す！ カウンセリング販売の技術
中小店・専門店の強みを活かした、「対面販売」の基本
大谷 まり子 著
本体1400円

ビジュアル図解 物流のしくみ
幅広い業種と結びついている「物流」の全体像を解説
青木 正一 著
本体1700円

売れるチラシづくりのすべて
チラシづくりの戦略からデザインの基本までを完全網羅
加納 裕泰幸 著
本体1600円

90日でリピート率を7倍にアップさせる超・実践ノウハウ 「1回きりのお客様」を「100回客」に育てなさい！
高田 靖久 著
本体1400円

「0円販促」を成功させる5つの法則
「最小の経費」で「最大の集客」を実現する販促戦略とは？
米満 和彦 著
本体1400円

スタッフが育ち、売上がアップする 繁盛店の「ほめる」仕組み
どんなお店でもすぐに使える「ほめる仕組み」を大公開！
西村 貴好 著
本体1400円

一瞬で決める！ 飛び込み営業の成功法則
新規顧客開拓が必須の時代。飛び込み営業はどんな業種にも活用できる！
尾島 弘一 著
本体1600円

"地域一番" 美容院 開業・経営のすべて
「美容師頭」から「経営者頭」に変換しよう！
やまうち よしなり 著
本体1600円

図解 なるほど！これでわかった よくわかるこれからの品質管理
入門者から管理者まで対応、品質管理の手引書
山田 正美 著
本体1700円

終了後の3つのアクション

1. 片付け
□ 使ったものの片付け
□ 約束を手帳に記入

2. 明日の準備
□ 明日使うものを用意
□ チェックリストで確認

3. メール
□ 前日確認メール
□ 接客中にきたメールへの返信

POINT

片付けと明日の準備、
メールでの連絡や返信もすべて済ませたら……
お疲れ様でした！
ご自分へのご褒美ティータイムで
おうちモードに切り替えましょう。

lesson 12 小さな約束を守る大切さ

ここまで、おうちサロンの1日についてお話してきましたが、おうちサロンのオーナーは、接客以外に、お問い合わせの対応から、事前準備、集客、顧客やお金の管理など、やることがたくさんあります。

お客様が増えてくると、やることが多くなって「抜け」が出やすくなりますが、「お客様とのお約束」だけは、「抜け」のないようにしましょう。人は、小さな約束を守ることのできる人に信頼を寄せるからです。

「人は忘れる生き物」だと認識し、自分の記憶力を過信しないで必ず「書く」ようにしましょう。

たとえば、私はお客様からのご質問にすぐお答えできない場合も、その場で質問内容を手帳に書き、お答えする日に「○○さんに△△について伝える」と記入しています。また、次にいらしたときに何か

をお渡しする約束をした場合も、次回のご来店日に「○○さんに□□を渡す」と書き、渡し終えたら「済」と書くようにしています。

手帳は出先にも持って行きますので、外出先でも予約可能日がすぐにわかり、その場で次のお約束をすることができます。「何でも手帳にメモする」というこの方法は、慣れてしまえば頭でたくさんの約束を覚えている必要がないのでとても楽ですし、抜けもなくなります。

「信頼関係」を築くための「約束を守ること」を実行するための簡単な「しくみづくり」が私の場合は手帳に「書く」ことであり、「前日メール」なのです。

自分のサロンに合ったやり方を見つけよう

メールではなく、はがきやお手紙が有効なツールとなることもありますし、掲示板やフェイスブック、ラインなどを活用したほうが効果的な場合もあるでしょう。サロンによってどんなやり方がベストかは変わってくると思いますが、小さな約束を守って信頼関係を築くことは、どのサロンにも共通して必要なことだと言えます。

どんな人と友達になりたい？

AさんとBさんの
どちらとお友達になりたいですか？

A さん
- 約束をしても当日にドタキャンをされる。すっぽかされる
- 人の話をいい加減に聞く
- 会うと調子の良いことを言うが陰では悪口を言う

B さん
- 待ち合わせをしたら時間通りに行く
- 人の話をきちんと聞く
- 裏表がなく、誠実

POINT

相手が「友達」でも「お客様」でも
人間関係の基本は一緒。
自分が「仲良くしたい」と思えるような
人間になることで、
お客様からも信頼されるようになります。

part

6

お客様が
思わず来たくなる!
おうちサロンの
集客方法

lesson 01 おうちサロンの集客は「不安解消」が最優先

集客方法にはいろいろありますが、4章で触れたように、コスト面や敷居の低さなどから、まずはブログやHPを活用することをおすすめします。お客様にお伝えしたい情報を、自分で考えて自由に載せられるのは、大きなメリットです。

おうちサロンの場合、ネットで集客するときの一番のポイントは、「不安を取り除くこと」です。店舗の場合、仕事帰りにフラッと立ち寄れる気楽さがありますが、おうちサロンの場合は、事前にメールや電話でご予約をいただいてから当日を迎えるケースがほとんどです。お客様にとっては、「お店に行く」というよりは、「よそのお宅に行く」のに近い感覚があります。

知り合って間もない、もしくは初対面の人に会う、ましてや

お客様に安心してもらうことが大事

「家」という個人の空間に行くことに対しては、多くの女性が不安を感じるのではないでしょうか。

おうちサロンのオーナーは、そんなお客様の不安な気持ちを「想像すること」が大切です。

お客様の不安要素を取り除くために、まずはブログとHPに安心材料を載せましょう。

サロンプロデュースのときに、「はじめたけど、なかなかお客様が来ないんです」という相談を受けることが少なくありません。その方のブログやHPを見せていただくと、情報量が少なく（もしくは偏って）、肝心なことは「詳しくはお問い合わせください」と書いてあり、実際行く立場からすると不安に思うことがよくあります。

「わざわざ問い合わせをして返事を待つくらいなら、ブログやHPにちゃんと明記されているサロンに行こう」と思うお客様がほとんどです。ブログやHP運営の際には、「気楽にお問い合わせしてくださる方はほとんどいない」という認識を持ち、お客様の不安を解消できるような情報を提示しましょう。

お客様はどんなことを不安に感じる？

どんな人が
やっているん
だろう？

合わない人
だったら
やだな

場所はすぐに
わかるかな？

何か高いものを
すすめられたら
どうしよう

入りやすい
雰囲気かな？

満足のいく
サービスを
受けられるかな？

金額が
高かったら
どうしよう

想像と
違ってたら
やだな

lesson 02 料金は明確に表示する

おうちサロンの場合、わかりやすく料金を提示することが大切です。

「いくらかかるか」、つまり「料金」は、お客様がとても気になることのひとつです。そして、相手に聞きにくいのも「料金」です。

特に女性はお金のことを話すことが「恥ずかしい」と感じやすいため、いくら「お問い合わせください」と書いてあっても、値段を聞いてからでは断りにくいと感じるのです。

クチコミで集客ができるようになったり、メディアに出たりして、ある程度ブランディングが確立されてからでしたら、それでもよいかもしれません。

でも、あなたのことを全く知らない段階で、料金の表示がないサロンに行くのは、お客様にとっては不安が伴います。

料金を明示して不安を取り除こう

他に同じようなサービスを受けられる、安心安全な選択肢がある場合、わざわざリスクを取るお客様はめったにいません。

せっかくサロンに興味を持ってくださったのに、どこにも料金が表示されていないことが理由で、本当は出会えたかもしれないたくさんのお客様とのご縁を逃しているかもしれないのです。

たとえ来ていただいたとしても、施術中に延長料金を気にしながらではリラックスできませんし、講座中に材料費や認定証は料金に入るかどうかが気になっていたのでは、せっかくの講義内容が頭に入っていかないでしょう。

延長料金はいくらなのか、キャンセルする場合に料金は発生するのか、材料費は込みか、事前の入金は必要かどうかなど、行ったことのないサロンにはじめて足を運ぶときには、前もって知っておきたいことがたくさんあるはずです。

お客様の視点に立って、ブログやHPに必要な情報がすべて載っているかをチェックしましょう。

お客様の不安を取り除く料金表のポイント

- □ どんなサービス?
- □ どのくらいの時間? 延長は10分いくら?
- □ オプションはプラスいくら?
- □ タオルなどの貸し出しは有料?
- □ その料金での出来上がりイメージ
- □ 前後のカウンセリング、お茶、着替えの時間は料金に入るか?
- □ キャンセル料が発生する場合はキャンセルポリシーについて
- □ 事前入金の場合は、入金先と方法について
- □ 材料代は込みか別か?
- □ 認定証や登録料は込みか別か?

POINT

どこまでがその料金に含まれるかを
わかりやすく表示しましょう。

lesson 03 ブログやHPの「五感」活用法

6章1項で、お客様に安心していただくことがおうちサロン運営には大切だということ、そしてその安心材料を置く最適な場所がブログやHPだとお伝えしました。

では、具体的にどうするかを考える前にちょっと確認。あなたは心配したとき、不安になったときに、体のどの場所がドキドキしますか？ 頭がドキドキではなく、胸（ハート）がドキドキしますよね。

人の不安感は感情と結びついています。そして、感情は五感と結びついているのです。どんなに理屈を並べられて頭では理解できたとしても、不安を感じたら人は動きません。

逆に、理屈がわからなくても、ハートが動くと「やりたくて仕方なくなる」こともあるのです。

この、ハートを動かすキーワードが「五感」です。

「五感」とは「視覚・聴覚・嗅覚・味覚・触覚」の5つの感覚のことです。

たとえば、「お金持ちになりたい」と、ただ思ったときと、「1億円が手に入ったら何に使おう？ まずは海外旅行に行って、南の島のプライベートビーチで潮風にあたって……」と、具体的にイメージしたときとでは、ほとんどの方は、後者のほうがワクワクするのではないでしょうか？

お客様の五感を刺激してイメージしてもらおう

サロンのブログやHPでも、五感に働きかけることで、「安心」「楽しい」というこちらが伝えたい情報をお客様のハートに伝えることができます。

たとえば、「サロンに来たお客様にリラックスして過ごしてほしい」と思っている場合、「リラックスしてお過ごしください」と書くだけではなく、「サロンはオレンジの爽やかな香りで満たし、心地良い音楽を流しています」などの五感を刺激する表現を使ったり、写真を載せることで、ずっとリアルにイメージしていただくことができるのです（詳しくは次項）。

五感で伝えるサロンの魅力!

五感への繰り返しの刺激
ブログやメルマガ、フェイスブックなどで繰り返し発信

↓

身近に感じる
「単純接触効果」により、次第に好感度や印象が高まる

↓

リアルなイメージを持つ
サロンが身近な存在に感じられ、
行くことのハードルが低くなる

↓

行ってみたい気持ちが高まる
サービスを受けた方の生の声を知ることで、
行動に移すきっかけになる

↓

実際にサロンに足を運ぶ

POINT

五感を通じてお客様に繰り返しイメージしていただくことで、
サロンに行きたいという気持ちが高まります。
ブログやHPではイメージがふくらむ表現を心がけましょう!

lesson 04 五感で伝えるサロンの魅力

ネット上で、五感を使ってお客様に伝えるときに、一番効果的なのは「視覚」の活用です。写真を載せるのと載せないのとでは、アクセス数にも変化が見られます。

文字を読むのは面倒だと感じても、写真だと一目で情報が伝わってくるので、じっくり読むつもりのない方に見てもらえる確率も上がります。

おうちサロンの場合は、実際に施術している様子や、講座中の写真を載せることで、文字だけのときよりずっとお客様がそこに訪れたときのイメージしていただきやすくなります。

たとえばフェイシャルサロンの場合、「お客様に喜んでいただけました」とだけ書くよりも、「施術後にはお顔に赤味がさしていて、血色がとても良くなっていました。お客様からも、『体がポカポカしていて、芯から温まりました』とのうれしいお言葉を頂戴しました」と書いたほうが、肌の色や温かさなどの感覚まで、より具体的にイメージできます。

「心地良さそう」「楽しそう」「心が軽くなりそう」「勉強になりそう」「きれいになれそう」など、サロンに行ったことで受け取ることのできるメリットをリアルにイメージしてくださった方が、実際にサロンに足を運んでくださいます。

お客様の五感を繰り返し刺激しよう

五感を通した情報をブログやHPなどに公開することで、お客様にとっては、自分に合うサロンを選ぶヒントを得ることができます。

オーナーにとっては、本当に自分のサロンに興味を持ち、気に入ってくれた「サロンと相性の良いお客様」だけに来ていただくことができます。

メニューにある商品やサービス、作品の写真、サロンで流している音楽のリンク、サロンでお出しする紅茶の香りや味についてなど、五感に訴えるイメージを頻繁にブログなどで紹介する地道な努力が集客につながります。

五感で伝えるサロンの魅力

視覚
- 施術前と施術後の写真（エステ・メイク・骨格矯正など）
- サロンの外観、内装の写真
- 講座中、施術中の写真
- オーナーの写真
- サロンで使うものの写真

聴覚
- サロンの雰囲気やメニューに合わせた音楽
- 小鳥のさえずり、海や小川などの自然音
- お茶をいれる音
- 笑い声

嗅覚
- アロマ（エッセンシャルオイル）やお香の香り
- お花の香り
- コーヒーや紅茶、ハーブティーの香り
- 焼きたてのクッキーの香り

味覚
- おもてなしのお茶菓子
- ヘルシーなランチやスムージー

※飲食を一緒にするという行動は、同席した人に対して警戒心が緩むという心理的効果があります。負担にならない程度のお菓子やお茶を用意しておくと、お客様にリラックスして過ごしていただくことができます。

触覚
- ふかふかのクッション
- 手触りの良いタオル
- 座り心地の良い椅子
- 丁度良い室温
- 手触りの良いひざかけ

lesson 05 ビフォー・アフターを知らせよう

あなたのサロンのビフォー・アフターは？

お客様があなたのサロンに行く動機は何でしょう。

・マッサージに行く→凝りをほぐしてもらいたい。リラックスしたい。
・カウンセリングや占いに行く→悩みを解決したい。心を軽くしたい。
・ネイルサロンに行く→自分を磨きたい。気持ちを明るくしたい。

……など、人が何らかのサービスを受けたいと思う動機の多くは「変化への願望」、つまり、今の自分の状態よりも、より良い状態に変えたいという気持ちが根底にあるのです。

映画やドラマの世界では、冴えない男の子が強くてカッコいいヒーローになったり、弱小チームが最後には優勝するという逆転ハッピーエンドのストーリーがいつの時代も人気です。そう、人はマイナスからプラスへの変化が大好きなのです。

あなたのサロンでも、「このサービスを受けるとこうなれる！」という、「ビフォー・アフター」を伝えましょう。

骨盤矯正をご自宅でやっていらっしゃるSさんが、お客様にサロン選びの理由を聞いたところ、「日々更新しているブログに載せている施術前後の写真が、サロン選びの決め手になった」と答える方がほとんどだったそうです。

実際のビフォー・アフター例を紹介することで、「自分もああなりたい！」という、見た人の気持ちに働きかけることに成功した例と言えますね。

マイナスからプラスへの変化を伝える方法としては、施術前後の写真、お客様のご感想、材料と完成した状態の写真、スタート時からの経過写真やレポートなどがあります。サロンに合わせた表現方法で発信してみましょう。

あなたのサロンではどんな感動的なビフォー・アフターがありますか？

あなたのサロンではどんな変化がある？

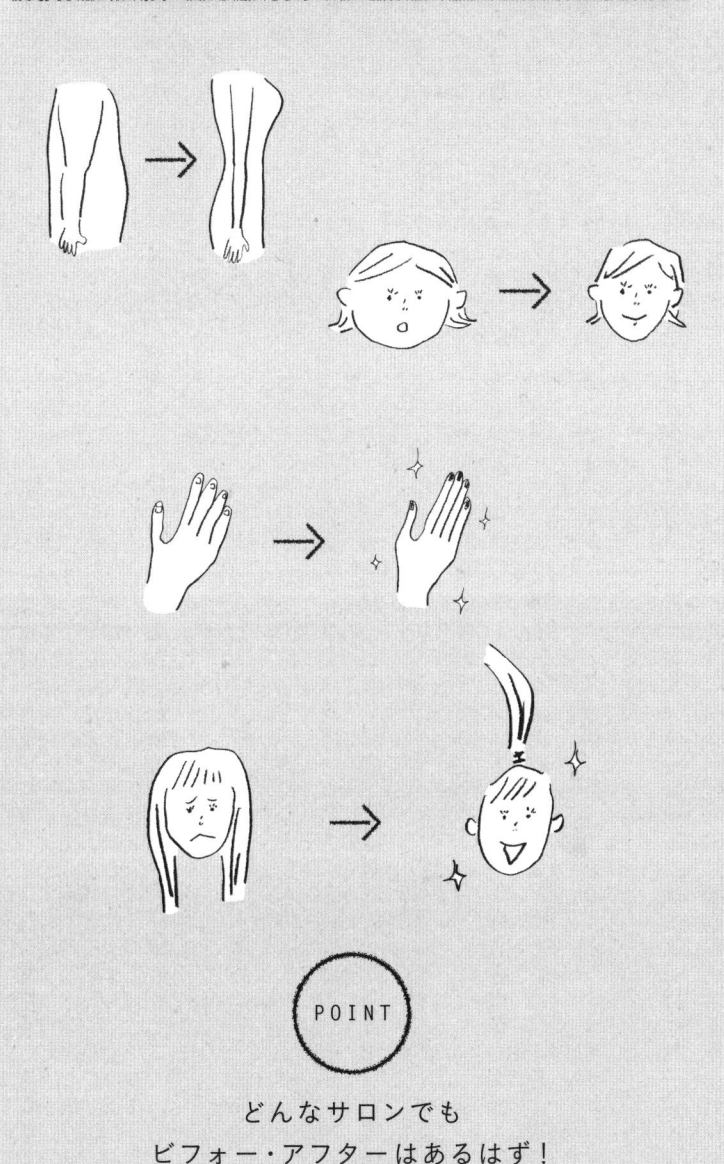

POINT

どんなサロンでも
ビフォー・アフターはあるはず！

lesson 06 プロフィールに力を入れよう

お客様があなたのサロンを選ぶ理由は「近いから」「安いから」「メニューが魅力的だから」などさまざまですが、サロンを探している多くの人が、ブログやHPのたくさんのページの中で、必ずと言っていいほどクリックするのがオーナーの「プロフィール」のページです。

私も、個人の方に何かのサービスを受けるときは、同じような条件の2つのサロンがあった場合、私的な一面が垣間見えるプロフィールのページを見て、どちらのサロンに行くか決めています。

「行きたい」気持ちに圧倒的な差がある場合は別ですが、どのサロンもそれぞれに魅力があり、好きな本が一緒とか、趣味が一緒など、本当にささいな理由で決めることもあるのです。

実際、私のサロンには、「幼稚園や保育所の（元・現）先生」や「猫好き」「本好き」の方が多いのです。

もしかしたら、これらのプロフィールに「幼稚園と保育所で働いていたこと」や「猫好き」のことを書かなければお会いできなかったかもしれません。

お客様との共通点は大きな強み

何でも書けばいいというわけではありませんが、「プロフィール」を充実させることは、サロンに来ていただく（選ばれる）理由になります。

プロフィールで共通点を見つけることで、親しみを感じてくださるきっかけになることは、お客様に心からリラックスしてサービスを味わっていただくためにもプラスになります。

これらを語らせたら「1時間は話せる」と思うくらい好きなことや、今の仕事を選んだ理由などを書くことによって、読んだ人が「あなたからそのサービスを受けたい」と感じてくださるかもしれません。

どんな人がこれを読んだら「会いたい」「行きたい」と思ってくださるかを意識して、プロフィールを書いてみましょう。

プロフィールにはこれを入れよう！

はじめまして、赤井理香（あかいりか）と申します。 ← 名前

東京都町田市で生まれ、高校卒業とともに千葉県船橋市に ← 出身地と居住地（「出身が
やってきました。　　　　　　　　　　　　　　　　　　　　一緒」が選ばれるきっかけ
　　　　　　　　　　　　　　　　　　　　　　　　　　　　になることもある）
学生時代から
スピリチュアル・心理学・成功法則・原因と結果・心・癒
し・・
などの分野に導かれ、好奇心の赴くままに学んでいました。

仕事は子ども関係ばかりで　　　　　　　　　　　　　　 ← サロンメニューに結びつく
バイトではベビーシッター、独身時代は幼稚園教諭、　　　　ような実績や経験
結婚後は保育士、
出産後はボランティアで地域の親子サークルを運営していま ← サロンメニューに関係のある
した。　　　　　　　　　　　　　　　　　　　　　　　　　資格

その後、右脳開発教室の講師として１０年間勤め、
潜在意識について実践を通して学んでいきました。

ここでの経験から　　　　　　　　　　　　　　　　　　 ← どうしてこのサロンをはじ
「癒し」と「イメージ力」の必要性を　　　　　　　　　　　めようと思ったのか
更に強く感じる様になりました。

・・これらの経験があったお陰で
今「ペールグリーン」で
お客様との
素敵な出会いの日々を過ごすことが出来ているのだと思いま
す。

このサロンには、なぜか人生の転換期にお見えになる方が多 ← どんな人の力になりたいと
いのです。　　　　　　　　　　　　　　　　　　　　　　　思っているか
私も、そんな方達が勇気を出して新しい世界に一歩踏み出す
お手伝いがしたいと思っています。

今まで起こった全てのことに感謝しています。
ありがとうございます♪
~~~~~

好きなこと（もの）・・・
　ピアノ・香り（アロマ・お香）・甘いもの・動物・絵・本
　海と空（ダイビングとパラグライダーやってました）　　 ← 好きなこと、趣味など
　眠って夢を見ること・心地よい肌触りのもの（タオルケッ
　トとか）
　体に良いこと（でも甘いものはやめられない・・）

資格など・・・
　　　　　　　　　・幼稚園教諭
　　　　　　　　　・保育士　　　　　　　　　　　　　　 ← 資格など
　　　　　　　　　・おうちサロンアドバイザー

lesson 07

自己開示が共感を呼ぶ

前項で、プロフィールを充実させることが大切とお伝えしましたが、プロフィールで「自己開示」することで、マイナスだと思っていたことでも、それが共感を呼び、お客様とのご縁をつないでくれることがあります。「自己開示」とは、自分自身に関する情報を、ありのままに伝えることです。私自身も、マイナスの経験を自己開示することで、素敵なご縁がつながった経験があります。

私は数年前までは、自分の無力さに落ち込んだとき、コンプレックスで人前に出るのがいやになったとき……など、何かあるたびに、深く落ち込んでいました。その都度、落ち込みから脱出する方法を模索していたのですが、それをあるときからブログで発信するようになりました。落ち込んだことや悩んだこと、それはどんな意味があって起こった出来事だったのかを自分なりに解釈して書いたり、効果のあった対処法などを紹介していました。

はじめは全く読者がいなかった状態から、1人、2人と読んでくれる方が増えていき、時には「同じようにやってみたら状況が良くなりました」「ブログを読んだら気持ちが楽になりました」といったうれしいご感想をいただくまでになりました。

ある日、新幹線に乗ってまでサロンに来てくださったお客様に選んでくださった理由を伺ってみると、悩んでいるときに私のブログを見つけ、記事の中の対処法を試してくださったとのこと。それがきっかけで、毎日のようにブログ読んでいるうちに本人に会ってみたくなったと、話してくださいました。

サロンをはじめる前に、自信のなさから一歩踏み出す勇気が持てなかった私にとっては、お客様は未熟な部分をわかった上で選ばれて来てくださるということ、しかもそれこそが選ばれる理由になったということに驚きました。少しの勇気を持って自己開示してみると、お客様に共感していただき、それが来店のきっかけになるということがわかった出来事でした。

自己開示が共感を呼ぶ

```
  マイナスの        +        自己開示
   経験
```

未熟な自分を認め、成長しようとする姿勢

↓

共感

共感してくださる方との素敵なご縁

POINT

悩んだ経験から得た気づきを発信することで、
知らずに誰かの役に立っていることも。

lesson

08

サロンを
知っていただく
いろいろな方法

本章では、主にブログやHPでサロンの存在を知らせる方法をご紹介しましたが、他の媒体やツールを上手に活用していらっしゃるオーナーさんもたくさんいらっしゃいます。

たとえば、近所の人に来ていただきたい場合は、地域新聞やフリーペーパーなどへの広告を出すという手段があります。クーポン券や限定割引などをつけた広告にして、安定した集客につながっているサロンもあります。

ヒントは街の中にある！

また、サロン前に看板をかけたり、ウェルカムボードを置くことで、通りすがりの人の目につきやすく、来店のきっかけになります。

私も一度、肩こりがひどくなったときに、勤務先の隣のビルの「指圧・マッサージ」のお店に行ったことがあります。そのとき、行ったきっかけになったのが、看板とチラシでした。看板の下に「ご自由にお持ち帰りください」と、割引券と連絡先、HPなどが書かれたチラシが置いていたのです。通りすがりにわざわざ連絡先のメモを取るのは面倒でも、チラシを1枚手に取るのは簡単です。お客様の視点に立った、効果的な集客法だと思いました。

最近、素敵だと思ったのが、カフェの扉の側に置いてあった黒板タイプのウェルカムボードです。「本日のランチ」や「今週の人気メニュー」の他、ちょっとしたイラストが描いてあり、手づくりの温かさが伝わってきて素敵でした。

また、私の近所に、ドラえもんの石像が置いてある居酒屋さんがあるのですが、つい見たくなるような目立つものや面白いものなどをサロンの内外に置くことで、ツイッターやフェイスブックなどのソーシャルメディアでお客様自身が広めてくれるきっかけになります。

サロンに合ったさまざまな集客方法で、来店のきっかけをつくりましょう。

街で見かける看板はアイデアの宝庫！

黒板の
ウェルカムボード
なら、
旬のメニューが
紹介できる

看板に自由に
持ち帰れる
チラシを置くことで、
集客に
つながりやすい

手書き文字や
イラストの素朴な
感じも素敵

表札や看板から
サロンの雰囲気を
伝えよう

lesson 09 おうちサロンはどこまで準備が必要？

ここまで、さまざまな「準備」についてお伝えしてきました。ただ、実のところ、おうちサロンの準備には終わりがありません。

サロンをはじめようと思ったときに「準備がまだまだだからスタートできない」との思いで躊躇したことのある方もいらっしゃるのではないでしょうか。誠実にお客様に喜んでいただけるサロンをつくりたいと思う方ほど、「まだまだ準備が足りないのではないのだろうか」「今の自分ではサロンオーナーにはなれないのでは……」と、自信が揺らぎ、サロンをスタートさせる勇気が出なくなってしまうこともあると思います。

サロンをやりながら成長していこう！

私もおうちサロンをはじめる前は、「まだまだ学ぶことがたくさんある」「今の自分では自信が持てない」などと自分に言い訳をし、なかなかスタートする勇気を持てず先延ばしにしていました。そんなとき、ある人に「きっと来年も再来年も同じことを言うと思うよ」と言われました。私は「確かに！」と即答しました。性格的に、いつまで経っても何らかの「足りないところ」はすぐに見つけてしまうでしょうし、どんなに勉強したところで「自信を持つことができるかどうかは別問題」ということに、心から納得できたのです。「自信はなくて当たり前。やりながら学び続ける！」と決めたとたんにいろいろな不安がなくなり、スタートする決心がつきました。

いまだに「HPをもっとわかりやすくしたい」「もっとお客様に喜んでいただけることはないかな？」など、試行錯誤は続いていますが、サロンをはじめる前に感じていた不安で、実際には全く心配なかったこともたくさんあります。

「化け猫がいると恐れていたけど、よく見たら子猫の影だった」ということは、現実でもよくあること。とてつもなく大きく感じていた不安も、実際はささいなものであることは多いものです。

勇気を出して扉を開けよう！

70％の準備　　30％の勇気

POINT

70％の準備と30％の勇気を持って、
おうちサロンへの一歩を踏み出してみると、
そこには、思ってもみなかった景色が
広がっているかも！

part

7

お客様に喜んで
通い続けていただく方法

lesson 01 お客様の ご感想をいただこう

サロンをスタートしてすぐや、準備段階のときに、有料・無料にかかわらずサービスを誰かに提供したときには、必ずご感想をいただくことをおすすめします。「ご感想」をいただくことのメリットは大きく3つあります。

① お客様の声を今後に生かすことができる
② ご感想をネットやチラシなどの宣伝媒体に掲載することで、次のお客様につながる
③ 感動が冷めないうちにご感想を書いていただくことで、お客様に良い記憶が脳に焼きつけられる

ご感想をいただくことのメリット

①については、こちら側が一番力を注いだ部分がお客様の印象に残っていたり、予想と違うところがお客様の印象に残っていたりと、お客様の気持ちを知ることができます。また、「これから希望するサービス」をご感想にプラスして書いていただくことで、魅力的なメニューが生まれたり、新たな気づきを得ることができます。

②については、お客様からいただいたご感想をご紹介することで、サロンに行くことを検討している方の判断材料となり、最終的にその「ご感想」が行くかどうか迷っているお客様の背中を押すことにつながることがあります。

③は、お客様に、感動が残っているうちにご感想を書いていただくことで、また来てくださる可能性が高くなります。「楽しかった」「気持ち良かった」というのはすべて「感覚」です。感覚は時間の経過とともに薄れるものです。「行ったときに楽しくてまた行きたいと思ったけど、時間が経ったらそんなに行きたいと思わなくなった」という経験はありませんか? 何となく感じていた「心地良さ」を書いて表現することで「現実のこと」としてより明確に認識できるようになります。すると、しばらく経ってからも記憶が薄れず、「また行ってみよう」という「現実の行動」につながりやすくなります。

ご感想は宝物！

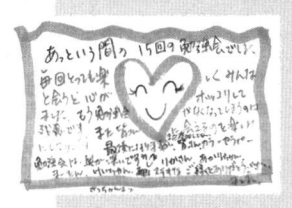

ーーー頂いたご感想をご紹介させて頂きますーーー

あっという間の15回の勉強会でした。
毎回とっても楽しく、みんなと会うと心がホッコリしてました。
もう勉強会がなくなってしまうのは残念です。

最後になりますが、まだ参加してない皆さん、
カラーセラピー勉強会は奥が深いです ̄ ̄

りかさん、あかりちゃん、まーたん、けいちゃん、
ステキなご縁をありがとうございました。

さっちゃん

ーーー

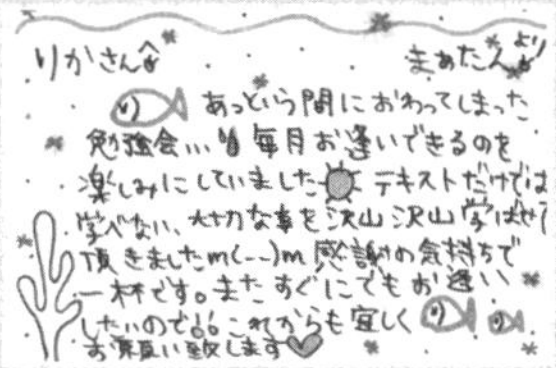

りかさん

15回の勉強会があっという間で、
初めて来たころの自分より、少しずつ成長していけた
してこれたのも、りかさんのおかげで ̄。
ほんとうにありがとうございました。

これからも、たくさんの気付きがある
また遊びに来る時には、パワーアップ

カラーの講座は今日で終了ですが、
これからもよろしくお願いします。

あかり

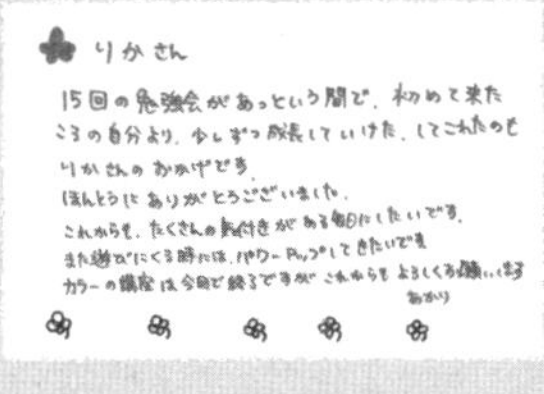

ーーー

りかさんへ

あっという間におわってしまった勉強会・・・。
毎月お逢いできるのを楽しみにしていました。

テキストだけでは学べない、大切な事を
沢山沢山学ばせて頂きました。
感謝の気持ちで一杯です。

またすぐにでもお逢いしたいので！！
これからも宜しくお願い致します♪

まぁたんより

ーーー

さっちゃん、あかりちゃん、まぁたん、
ご感想ありがとうございます！

lesson 02 ご感想の活用法

サロンオーナー自身が「楽しいですよ」「すごく良いですよ」などと言いすぎてしまうと、たとえそれが事実だとしても、「良いことを言うのは来てほしいからだろう」という先入観から「売り込まれている」と感じてしまいます。大抵の人は「売り込まれる」のは好きではないので、強くすすめられるほど「行きたくない」『欲しくない』という気持ちになってしまいます。

一生懸命ブログなどを更新したり、会った人にすすめているのに、全然結果に結びつかない……という方は、もしかしたら、お客様からは「一生懸命」ではなく、「必死に売り込んでいる」と思われているのかもしれません。その点、自分と同じ立場の人の感想は、先入観がない分、受け入れやすいのです。サロンになかなかお客様がいらっしゃらないとき

は、ご感想をいただくために、友人や知人にモニターをお願いするのに有効な方法です。「うまくいかない状況」を打破するのに有効な方法です。実績づくりにもなりますし、何より「実際体験した人の生の声」や「やっているときの写真」などを紹介することは、おうちサロンの集客においてとても効果的です。

モニターをお願いするときは注意が必要

ただ、友人知人にモニターをお願いするときに注意しなければならないことがあります。それは、「正規の料金を伝え、理解してもらってから提供する」ということです。今までおうちサロンプロデュースを受けてくださった方からのご相談で多かったのですが、「友人にモニターで協力してもらったときに無料（安価）でやったら、その後もずっと無料（安価）だと思われてしまい、後から有料で……とは言いにくくなってしまった」というものです。

後から気まずい思いをしないために、①正規の金額、②今回限定で通常よりも低価格で行なうこと、③人に伝えるときには正規料金を伝えてほしいこと、の３つは事前に伝えましょう。

モニターをお願いするときの注意点

1. 正規の料金をお伝えし、
理解を得てからお願いする。

2. 相手が乗り気でない場合は
お願いしない。

3. モニターをお願いしたら
必ずご感想をいただく。
※ブログなどで掲載可能か、イニシャルと本名のどちらならOKか、
　確認しましょう。

4. この料金は今回限定で、
次回からは正規料金になることを伝える。

5. 誰かにすすめてくださる場合は、
正規料金を伝えてほしい旨を伝える。

6. モニターを引き受けてくださったことへの
心からの感謝を伝える。

7. これからに生かすために、
本音のご感想をいただく。

lesson 03
女性客のクチコミが起きやすいサロンとは？

女性が得意なことのひとつに「人の輪を広げる」ということが挙げられます。利益などには関係なく、「良い」と感じたことを人に言わずにはいられない性質を持つ女性だからこそ、「クチコミ」を起こすことが得意なのです。

私も友人から「ここのパスタおいしいよ！」「歯医者さんなら○○さんは早くやってくれて、△△さんは丁寧だよ」など、たくさんの情報を教えてもらっています。私自身も同じようにおすすめのお店や読んで感動した本など、雑談の中でいろいろな情報を伝えますが、それはただ「言いたいから言う」という単純な動機です。

女性は直感で良いと思った情報を躊躇なく人に伝える能力が高く、「和」を大切にするので、「自分だけが得をする」ということに抵抗を覚える方が多い

と言われています。この女性特有の性質をおうちサロンの運営に生かすときには、次の3つのポイントを押さえることが大切です。

クチコミを起こしてもらう3つのポイント

①今、目の前にいるお客様に―20％満足していただけることを目指して心を込めて接する……クチコミを起こしたければ、新規のお客様より、既存のお客様のほうに目を向けましょう。本当に良いと思えば人に伝えたくなり、自然に人の輪が広がります。

②もし特典をつける場合は、紹介者にも、紹介された人にもメリットがあるようにする……紹介者だけにメリットがあるような特典は、「和」を大切にする女性心理からすると、逆に「紹介しにくい」と感じられる可能性があります。

③来た人に必要以上に売り込まない……必要以上に「売り込まない」ことで、安心して人を紹介することができます。紹介してくださった方の気持ちをムダにしないように、来てくださった方が心地良く過ごせることを最優先で考えましょう。

紹介したくなるサロンの3つのポイント

1　新規顧客獲得に目を向けすぎない！

今来てくださっているお客様に満足していただけることを
第一に考えて力を注ぎましょう。

2　特典をつけるときはここに注意！

特典をつける場合は、紹介してくれた人にも紹介される方にも
メリットがあるようにしましょう。

3　必要以上に売り込まない！

来てくださった方が「安心して心地良く過ごせること」を
最優先で考えましょう。

POINT

女性のクチコミ率の高さをサロン運営に生かして、
幸せの連鎖が広がるようなサロンづくりを目指しましょう！

lesson 04

敷居を低くして、「行きやすさ」をつくろう

おうちサロンは1対1でサービスを行ないやすい形態です。お客様の中には、1人のほうが気が楽だと感じる方もいらっしゃいますが、はじめての場所のときには、1対1で会うことや参加することに不安を感じる方もいらっしゃいます。

1対1で、しかもおうちサロンという密室で会うことへの不安を和らげるために有効な方法としては、「体験会」「ワークショップ」「セミナー」などを開催し、手頃な値段設定で複数人を対象とした場を提供する方法がおすすめです。

「お試し」がリピートにつながる

初対面で、1対1で、高額メニューというのでは、どんなサロンかわからない状態で申し込むのは勇気がいると感じる方も、1～2時間程度の体験会であれば「ちょっと行ってみようかな」と感じてください。

会ったことのない相手が、本当に自分が望むものを提供してくれるかどうかを判断するのは難しいですよね。金額が大きければ大きいほど、不安も大きくなります。

そんなとき、サービスを受けようか迷っているサロンで低価格・短時間・複数人のワークショップやイベント、セミナーなどをやってくれると、グッと気楽に参加することができ、その結果によってはその後も引き続きそのサロンに通うかどうかを決めることができるのです。

私のサロンでも、はじめてのご縁は低価格のオリジナル1day講座へのご参加がきっかけで、その後、定期的に、本格的な講座に通いはじめてくださるお客様がたくさんいらっしゃいます。

また、低価格の1dayセミナーは、人を誘いやすいことから、お友達と一緒に来てくださったり、お客様同士の交流を通じて、別のメニューにも興味を持ってくださる方が増えやすいことも、プラス面のひとつです。

お客様に通い続けてもらう工夫をしよう

A

マッサージやネイル、
カウンセリング、占い、
美容関係など、
1対1で行なうサービスを
受ける場合の不安

・はじめての場所に行くけど、雰囲気が悪かったらやだな
・高いお金を取られたりしないかな
・良い人かな、合わなかったらやだな
・1対1で気まずくなったら逃げ場がないな
・満足できるサービス内容かな（技術があるか）

↓

複数人のセミナーや
セッションのほうが
参加しやすい
（ワークショップや
グループ体験会の開催）

B

セミナー、
ワークショップなど、
複数人で行なう講座などに
参加する場合の不安

・参加者が友達同士ばかりで入りにくくないかな
・私だけできなかったらどうしよう（ついていけなかったら、わからなかったら）
・話す人がいなかったらどうしよう
・合わない人と一緒になったらやだな
・満足の行く内容かな

↓

マンツーマンの
セッションのほうが
行きやすい
（個別の体験会や
スカイプセッションの
開催）

lesson 05 お茶会を開こう

「お茶会」という響きって、何だかワクワクしませんか？　私事ですが、昔から「不思議の国のアリス」が大好きで、時計屋さんとのお茶会のシーンは繰り返し読みました。私の周りにも同じような「お茶会好き」な女性が多く、紅茶とお茶菓子だけでおしゃべりしていて、気づいたら数時間経っていた……ということがたびたびあります。

おうちサロンに来てくださる方と、お店のお客様とでは、距離感に違いがあります。お店という公の場ではなく、自分のプライベートスペースに招くことで、グッと距離が近くなります。お茶会は、そんなおうちサロンならではの魅力を感じていただけるのに最適な機会なのです。

本格的なホームパーティはちょっと大変そう……という方も、お茶会であれば、お茶の葉とお菓子と

お茶会でお客様との絆を強めよう

お茶会を開くことは、「はじめて」のお客様がおうちサロンに足を運ぶ、大きなきっかけとなります。おうちサロンの場合、まずはお客様に来ていただかなければなりません。「はじめて」は、はじめて行く場所、はじめて訪れる家……と、「はじめて」がたくさん、楽しさもありますが、不安もあるものです。でも、一度行った場所に2回目に行くときは、1回目より緊張しませんし、3回目、4回目と、どんどん楽な気持ちで行けるようになります。

たとえば月に1回など、定期的にお茶会を開催する場合は、「単純接触効果」が期待できます。単純接触効果とは、繰り返し接することで、好感度が高まり、相手に対して良い印象を持ちやすくなる効果です。繰り返しお茶会に参加していただくことで一体感が強まると、「また行きたい！」という気持ちになっていただきやすくなります。

お茶会のアイデアはこんなにたくさん！

- 大好きなお菓子を持ち寄る会
- 焼きたてパンを食べる会
- 夢を語る会
- 編み物をしながらお茶を飲む会
- 猫好き(犬好き)お茶会
- とっておきレシピの会
- 女子力アップの会
- 香りを楽しむお茶会
- 体をほぐすお茶会

POINT

季節に合わせたり、自分の好きなことをテーマにしたり、
先生をお呼びしてお話を伺う会にしたり、
お客様と盛り上がった話題をテーマにしたり……。
アイデア次第で楽しい時間を参加者と共有することができます！

lesson 06
選択

講座を開くという選択

お客様に何らかのサービスを提供して、喜んでいただけることは、オーナーにとっての大きな喜びですよね。お客様が長く通ってくださることは、さらなる喜びになるはずです。「講座を開く」という選択は、お客様がサロンに長く通っていただくためのひとつの道になります。

数年前は、マッサージを受ける、エステに行く、ネイルをやってもらうなど、「受け手」としてサロンに行く女性がほとんどでしたが、最近は、「手に職をつけたい」との思いから、技術を身につけるためにサロンに通う女性が増えてきました。景気などの社会的な理由もあると思いますが、自立心と向上心の高い女性が増えてきたことも、「講座人気」の背景にあります。

実際に、私のサロンでも、最初は数秘学鑑定を受けにいらした方が、次からは学びに通ってくださる方が多いのです。お客様の中には「自分ができるようになりたい」という方と、「いずれは自分でできるようになりたい」方がいらっしゃいます。サロンで提供しているメニューのやり方をお伝えすることで、前者のお客様だけでなく、後者の「いずれは自分でできるようになりたい」と思っていらっしゃるお客様の希望にお答えすることができます。

リピーター化にもつながる講座開講

サービスの提供だけでなく、「学ぶ場」を提供することで、さまざまなお客様の要望にお答えすることができます。

私のサロンでは、お客様からのリクエストでスタートした講座もありますが、多くの女性に求められているのは、「学びの場」「自己実現の場」は、多くの女性に求められていると、強く感じています。向上心のある方は、次々とテーマを見つけて取り組み、どんどん吸収していきます。

リピートされやすく、女性の自立を応援することができる「講座開講」は、お客様にとってもオーナーにとってもメリットの多い選択肢だと思います。

講座を開くと良いことがたくさん！

- 「学びたい」という潜在欲求のあるお客様のリピートにつながる！
- 同じことに興味のある生徒様同士の出会いの場を提供できる！
- オーナー自身の「学び続けるモチベーション」につながる！
- 自立したいと願う方の自己実現のお手伝いができる！
- 共に学び成長できる存在として、お客様との距離が縮まる！

lesson 07

どんな業種にも必要な「○○力」

本人が自覚している・いないにかかわらず「受け入れてもらっている」という安心感がないところには、人は何度も足を運ぼうとは思わないものです。受け入れてもらっていると感じられるときには、「リラックスできる」「また行きたくなる」といった心地よい感覚があるものです。サロンの場合は、それがリピートにつながります。

では、お客様に「受け入れてもらっている」と感じていただくために必要なことをひとつ挙げるとしたら、何でしょう？

どんなサービスを提供する業種でも、共通して必要なのが「傾聴力」だと、私は思います。「傾聴」は読んで字のごとく、「体を傾けて心から聞く」という意味です。「聞く」「聴く」はありませんが、「聴く」という漢字には心が入っている

ます。ただ何となく聞くのではなく、心を込めて相手に興味を持って話を聴く力が、「傾聴力」です。

「話を聴く」と書くと一見簡単そうですし、「できている」と思う方も多いと思いますが、「聞く」はできても「聴く」ことは、かなり意識しないと難しい場合が多いものです。

上手に話そうとしなくていい

昔見たテレビ番組で、ある女性の芸人さんが出たとき、司会者に「人の話を全く聞いてないでしょ。次に自分が何を話そうかばっかり考えてる」という内容のことを言われていたことがありました。これはテレビやお笑いに限らず、私たちもやってしまいがちなことです。話し手は「ただ聞いてほしかっただけ」なのに、聞き手は「何を言おうか」を勝手に頭で考えはじめてしまっているのです。

大切なのは、「うまいことを言うこと」ではなく、「相手に興味を持ってしっかり話を聴くこと」です。これができてはじめて、お客様に「受け入れられている安心感」を感じてもらえて、通い続けていただくことができるのです。

傾聴力UPのポイント

あいづち……タイミング良く、うなずきと声で

アイコンタクト……大切なところではしっかり目を合わせる

笑顔……心からの笑顔で！

質問……的確な質問は相手の話を引き出す

受容……「でも」「だって」などの否定語は使わず、「そうなんですね」といったん受け入れる

繰り返し……「○○なんですね」と相手の話のポイントを繰り返して確認

促し言葉……「それで？」「どうなりましたか？」など、続きを促す

体勢……腕組みは拒否の意味になるので注意。相手のほうに少し身を乗り出すようにして聞く

ペーシング……話す早さや声のトーンなどを相手のペースに合わせる

lesson 08 お客様のファンになろう

歌手や俳優のファンになったことはありますか？ 世代がわかってしまいますが、学生時代に友人が少年隊のファンで、「どこが良いの？」と聞くと、それはそれはたくさんの「良いところ」を教えてくれました。「まず顔がかっこいいでしょ！」「歌がうまくて声も良い！」「クールなのに時どき照れるのがかわいいの！ この間も番組でね……」。とにかく「よくそこまで出るなぁ」と、こちらが感心してしまうほど、たくさんの「好きな理由」を語ってくれました。このときの友人のキラキラした瞳とうれしそうな顔は今でもずっと記憶に残っています。ファンになると、相手の言動のすべてが愛おしく思えるようになり、時には欠点と思えることでも、長所として認識できるようになるという、まさに「あばたもえくぼ」状態なのだということ。そして、その相手のことであれば、どんなささいなことでも知りたくなるということを、友人を通して知りました。

ファン心理で接客力をアップしよう

この「ファン心理」は、接客に生かすことで、お客様と良好な関係を築く助けになってくれます。ご縁をいただいたお客様のファンになり方は簡単。ご縁をいただいたお客様のファンになってしまうのです。

ファンになると、自然とそのお客様に興味が湧いてきます。興味を持てば、自然とそのお客様が話してくださることには、ささいなことでも「聴きたい」と思うようになり、「傾聴力」も高まります。

また、「ファン」の視点でいると、次々とお客様の長所が見えてきます。いくら口でうまいことを言っても、本心から思っていないことは相手に伝わりますし、何より自分自身を欺くことになります。「ファン」になることで、心から「素敵！」と思えるお客様の長所に気づくことができます。

長所を見つける感性は、末永くお付き合いできる「サロンのファン」を増やすことにつながります。

お客様を好きになろう！

- 選んで
くださったこと
- サロンを
見つけて
くださったこと
- 連絡を
くださったこと
- 足を運んで
くださったこと

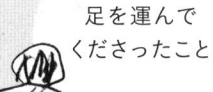

POINT

これだけでも、
「来てくださったお客様を大好き！」になるには
十分すぎるほどの「理由」になります。

part

8

おうちサロンで
気をつけなければいけないこと

lesson 01 おうちサロンの安全を考える

自宅を拠点にする場合、仕事中だけそこにいる貸店舗よりも、さらに安全面を考える必要があります。

自分でポリシーがあって個人的な情報公開をする分にはよいのですが、あまり考えずにいろいろな情報を公開して、後から「こんなつもりじゃなかった……」ということにならないようにしましょう。

たとえば、HPには最寄駅だけを記載し、詳しい住所をお伝えするのは「ご予約確定後」にするなど、自分で開示する内容を選択しましょう。

他に安全面で配慮できることには、お子様の写真や、近くの景色の写真の掲載を控えたり、フェイスブックの更新時のGPS機能をオフにする、投稿の際は「今いる場所」ではなく、「さっきいた場所」など、過去いた場所をアップするようにする……など、考えられる対策はいろいろあると思います。

ネット上の安全対策も必要

今はインターネット上での「防衛」も考えていかなくてはいけない時代になりました。私自身もネット関係に詳しいわけではなく、どちらかと言うとアナログ人間なのですが、インターネットを仕事で使う以上は、アンテナを立てて「学ぼう」「吸収しよう」という意識が必要だと最近感じています。

「完璧な安全」はどこで仕事をしていたとしても存在しませんが、事前に「やれることはやったから、あとは覚悟を決めてスタートする！」という意識を持ってはじめたほうが、漠然とした気持ちでスタートするよりも、はるかに後悔は少ないはずです。

おうちサロンのオーナーになると、毎日が「決定」の連続です。自分で取捨選択をし、自分で決定していかなくてはなりません。

おうちサロンをはじめる前に安全性を含めた対策を取った上で覚悟を決めること、腹をくくることが大切なのだと思います。

幅広いセキュリティ対策を考えよう

防犯
- 貴重品の管理
- 顧客情報の管理
- 鍵、防犯フィルム

→ 金庫や防犯グッズの使用

個人情報
- 住所
- 電話番号
- 家族

→ 情報開示の範囲を考慮

安心

パソコン
- ウィルス対策
- データのバックアップ
- パスワード管理

→ OSやソフトは常に最新の状態に更新

写真
- 子どもの写真
- 住所が特定できる写真
- お客様の写真

→ ネット掲載時は安全面とプライバシーに注意

lesson 02
もし住んでいるところが「サロン活動禁止」だったら？

マンションやアパートの場合、住居での商売は禁止されている場合があります。はじめる前に必ず契約書をチェックしましょう。

また、近隣や同居家族の都合などで、家で仕事をするのが難しい方もいらっしゃると思います。家でサロンを開くのが難しい場合、主に2つの選択肢が考えられます。1つ目は、場所を借りて、そこで開業する方法。2つ目は、出張専門のサロンにする方法です。

1つ目の選択肢の場合、場所をレンタルして、そこでサービスを提供したり、講座を開いたりします。たとえば、シェアサロン、レンタルサロン、貸し会議室など利用料を支払って借りた場所を使うパターンです。カルチャーセンターも広い意味ではここに含まれます。他にも、カラオケボックスが日中の空いている時間帯に部屋を貸し出していたり、喫茶店などで飲み物を一品注文すればスペースを使わせてくれるところもあります。

出張専門のメリットを打ち出そう

2つ目の「出張専門のサロン」という選択肢を選んだ場合は、約束事や決まりは明確にし、それをHPなどにもきちんと提示します。具体的には、どこの地域まで出張が可能か、別途交通費は必要か、1人でも出張可能か、そうでない場合、何人以上であれば出張可能か、受けるメニューの料金以外にかかる料金があれば、その理由と金額などです。

小さなお子様がいらして、なかなか長時間の外出ができない方や、体調面その他で、外出が難しい方にとっては、家まで来てくれるというのは大きなメリットです。出張専門であることを、「サロンがないから仕方なく」という気持ちでとらえてしまわず、「家にいながらサービスを受けていただくことができる」というメリットに変えてしまいましょう。

おうちサロン以外の活動場所

1　活動場所を見つけるときのポイント

・借りたい場所の条件を明確にする
・良い場所を見つけるアンテナを立てておく
・ピンときた場所があったら、結果は気にせず聞いてみる
・「場所を探している」ことを発信する
・「地域名＋キーワード」で検索する
　（「市川　レンタルサロン」など）

2　出張専門にする場合のポイント

・出張する場合の約束事を明確にする
・対応地域と交通費の有無を提示
・対応できる最少人数、最大人数の提示
・出張専門のメリットをわかりやすく表示

POINT

自宅を使えない場合、
自宅以外で活動することや出張することを
「プラス」ととらえ、「メリット」として打ち出しましょう！

lesson 03 量より質のおうちサロン

ラーメン屋さんや牛丼屋さんは、食べたらすぐに出て行ってもらうための工夫をしているそうです。お客様に長居をされないようにして、回転率を上げる工夫をすることで利益を出すお店がある一方、ホテルやスポーツクラブのように、お客様にゆったり過ごしていただき、その心地良さをまた味わいたいと思わせるように工夫しているお店もあります。

では、おうちサロンは「回転率を上げる」と「くつろいで過ごしていただく」のどちらを重視する業種でしょうか？ サロンオーナーによって考え方は違うと思いますが、私は「ゆったりくつろいで過ごしていただく場」を提供したいと思い、それが店舗ではなく自宅でサービスを提供するおうちサロンのメリットにもつながっていると思っています。

1日に対応できる数は決まってきます。また、貸し店舗の場合、高額メニュー以外は「たくさんのお客様」に来ていただかないと利益が出ないケースがほとんどですが、自宅の場合は「誰でもいいからたくさん来てほしい」と思う方は少数ではないでしょうか。

今、来てくださっているお客様を一番に考える

自分にとってくつろげる場所である自宅を開放するのです。「誰にでも」来てほしいわけではなく、少なくても「安心できる人」に来てもらいたいと思うのではないでしょうか。そう考えると、たくさんでなくてもいいから、「安心できるお客様に来ていただき、くつろいで過ごしていただく」ことを目指すほうが、おうちサロンのスタイルに合っていると思います。

「たくさん」に意識が向いて集客ばかり一生懸命になって、せっかく来てくださっているお客様に意識が向かないということのないよう、「今来てくださっているお客様が心地良く過ごしていただけているか」を常に一番に考えるようにしましょう。

従業員を雇って経営する場合と違い、自分1人で

色ごとの特徴をサロンに生かそう

レッド

- 時間の流れが早く感じられる
- やる気が出る
- 食欲増進の効果がある

ブルー

- ゆったり時間が流れるように感じる
- 精神を鎮静化させる働きがある
- 洞察力と観察力を高める

オレンジ

- 人を元気にさせる
- プレッシャーを和らげる効果がある
- 解放感と幸福感を与える
- 華やかさと明るさをあわせ持つ

グリーン

- 心を穏やかにし、安らぎをもたらせる
- リラックス効果がある
- 疲れが取れる

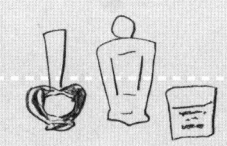

POINT

お客様に「どう過ごしていただきたいか」の工夫に「色」をプラスして、サロンの質を高めましょう。

lesson 04 お客様からのクレーム対策

おうちサロンを長く続けていくと、お客様からクレームをいただくこともあるかもしれません。まずは冷静に受け止め、反省することが必要ですが、むやみに怖がる必要はありません。

クレームの原因を探れば、その大半は事前に回避できるものですし、もし受けたとしても、こちらがしっかり対応をすることで、大きな問題にならずに済むことがほとんどです。

おうちサロンで起こりやすいクレームの原因として、「説明不足により、意思の疎通ができていなかった」ケースが多くあります。

- ご予約時には料金や内容、注意事項等を説明し、よくご理解いただいた上でお申し込みいただく
- 強引な売り込みをしない
- サービスを受けていただいた後にご感想を伺い、至らない点を指摘されたら、すぐに対処するこういったことを心がけることで、クレーム防止になります。お客様の表情が曇ったり、何か違和感を感じたときは、見なかったフリをせずに直接伺いましょう。必要があれば改善案を提示するなどの迅速な対応を心がけることで、火種が小さいうちに消すことができます。

愛のあるクレームは改善のヒントに

嫉妬や悪意のある、嫌がらせのようなクレームについては、こちらも毅然とした態度を取る必要がありますが、中には、サロンのことを思ってあえて厳しいことを言ってくださるお客様もいらっしゃいます。店舗よりも一人ひとりのお客様と深いお付き合いになりやすいおうちサロンの場合、こうしたクレームがお客様からほとんどだと思います。

お客様からの「愛のあるクレーム」は「気づき」としてありがたく受け止め、改善していくことで、より顧客満足度の高いサロンになります。

いただいたクレームに必要以上に落ち込まず、自分とサロンの成長につなげましょう。

クレームを受けてしまったときに意識したいポイント

1　まずは冷静になる

一番いけないのが焦ってしまい、何も言えなかったり、
慌てて弁解すること。
冷静さを失うと相手の真意を見誤り、的確な対応ができなくなります。
まずは深呼吸して落ち着いて！

**2　お客様のお話をしっかり伺い、
何を言わんとしているのかを理解する
（何が原因でどうしてほしいのか）**

原因には必ず理由があります。こちらの視点に立つのではなく、
お客様の視点に立って話を聞くことで、何に不満があるか、
どんな対応をしてほしいかが見えてきます。

3　こちらに過失がある場合は、心を込めて謝罪する

口先だけか、心からの言葉かは、思っている以上に相手に伝わります。
心からの謝罪とともに、言ってくださったこと、
気づかせてくださったことへの感謝も伝えましょう。

POINT

冷静で誠実な対応で、
クレームを言ってくださったお客様が、サロンのファンになり、
長く通い続けてくださることもあります。
成長へのステップだととらえましょう！

lesson 05 忙しくなりすぎたときの対処法

時間に追われるような忙しさを感じる日々が続いたら、メニューの見直しや、仕事の効率化とともに、プライベートと仕事との区切りのつけ方についても見直しましょう。

おうちサロンはプライベートと仕事との区切りをつけにくいという一面があります。

「自宅＝仕事場」なので、やろうと思えばいつでも仕事ができてしまいますし、主体的に行動を起こしているときには、向上心があればあるほど、やること（やれること）はいくらでも見つかるのが現実です。

そのこと自体は悪いことではなく、仕事の質を高めるためには必要な考え方だと思います。問題なのは、「区切りをつけずにダラダラとやってしまうこと」です。

上手に区切りをつけよう

「区切りをつける」のゴールには、①時間と②達成目標の2つがあります。

①時間は、
・◯時までやって終わりにする
・子どもが帰ってきたら仕事タイムは終わり
・3日間は仕事に集中する

など、「時間」で仕事とプライベートを切り替えるやり方です。

②達成目標は、
・講座の資料を◯ページつくったら終了
・お客様◯人に連絡をしたら仕事を終わりにする
・◯◯セミナーの内容をすべて構築するまでやり続ける

など、「ここまでは行く（やる）」という「ゴール」を決めて、そこに到達したら仕事からプライベートに切り替えるやり方です。

それぞれのメリットと、適した場面がありますので、次項を参考にしながら、自分に合った区切り方を見つけましょう。

2種類のゴールを設定しよう

ゴール	1 「時間」で区切る	2 「達成目標」で区切る
会社の例	勤務時間が終了したらタイムカードを押して帰宅。 残りの仕事は明日にまわす。	プロジェクトが終わるまでは会社に缶詰状態。 プロジェクトが終了してから休みを取る。
おうちサロンの例	決めた時間までテキストづくりの仕事に集中。時間が来たらいったん終了する。	必要な資料を揃えてテキストをつくり終えるまでやり続ける。

lesson 06
おうちサロン 切り替え仕事術

前項でお伝えした「区切り」について、実際はどのように行なうのか、私のやり方をご紹介します。

① 週に一回、半日を目安にその週に予定されている仕事のすべてを準備する……人数分の資料や使用する材料の在庫確認、顧客情報の整理などを行ないます。

後にご予約が入っていると、広げたものを片付ける必要が出てきたり、次のご予約に意識が向いて集中しにくくなるため、お客様のご予約が入っていないときにやったほうが効率が上がります。

達成目標は1日単位、週単位、月単位、年単位など、短期と長期の両方で計画すると日々の作業に追われることがなくなります。

② 日々の業務の終了時間と、それまでに必ず終わらせることを決める……1週間に一度、まとめて仕事をすると、日々の業務は大体決まってくるでしょう。

接客業は、お客様がいらっしゃる間は神経を使うと思います。お客様がお帰りになってからでないと動く気にならない場合が多いので、お客様がお帰りになった後はできるようなルーティーンワークをする時間にすると、はかどります。

③ 創造的活動は朝方か夜更けの一人になれる時間にやる……新しいメニューやセミナーの内容を考えたり、製作活動などの創造的な活動は、1人のほうが集中できるものです。良いアイデアが浮かんだときに子どもが泣いて、あやしているうちに忘れてしまった……というのは生徒様から以前伺ったお話です。

左ページの例を参考にして、いろいろと試しながら、あなたの生活パターンや個性、業種、状況をトータルで考えたときの、最適な「切り替え法」が見つけてください。

ある日の私のタイムスケジュール

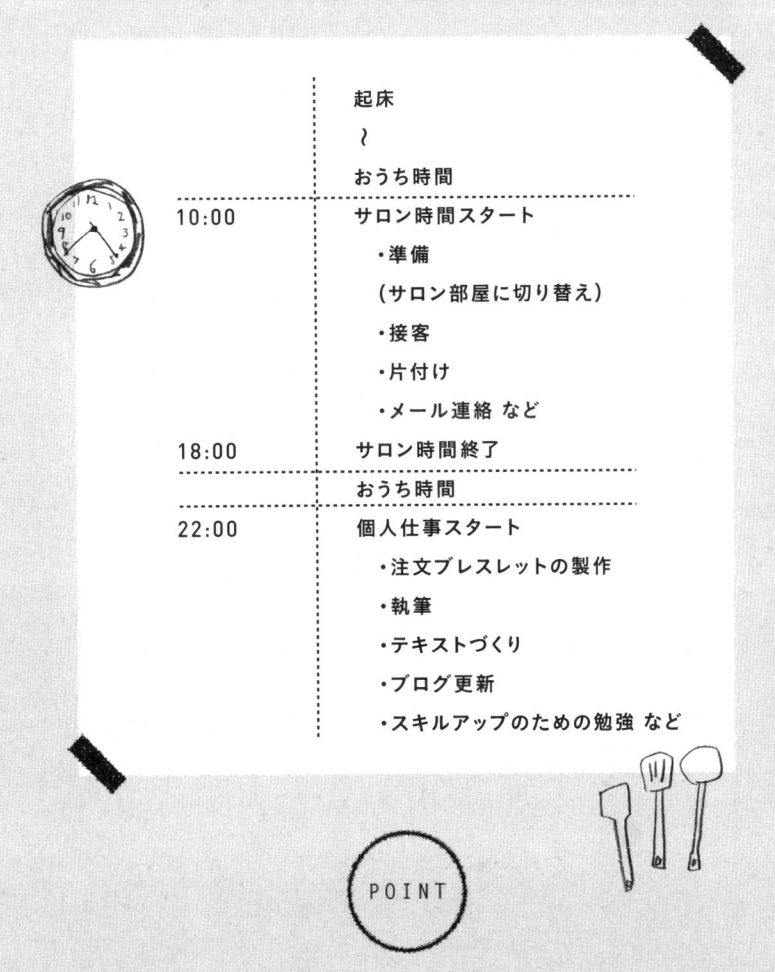

	起床
	〜
	おうち時間
10:00	サロン時間スタート
	・準備
	（サロン部屋に切り替え）
	・接客
	・片付け
	・メール連絡 など
18:00	サロン時間終了
	おうち時間
22:00	個人仕事スタート
	・注文ブレスレットの製作
	・執筆
	・テキストづくり
	・ブログ更新
	・スキルアップのための勉強 など

POINT

・この時間はこれが優先、という時間や状況ごとの優先順位を決めましょう。
・同居家族がいる場合は、自分と家族の状況や生活リズムに合わせた計画を立てましょう。

lesson 07

そこに時間をかけることは必要なこと？

「時は金なり」という言葉があります。以前は「時間＝お金」という考え方があまりイメージできず、チラシの安売りを見て遠くまで買いに行ったり、何でも手づくりしようとしたり、時間をかけて節約することが自然な行動でした。

ただ、今思えば、これも時間があったからできたことで、仕事が忙しくなるにつれて「効率化」を考える必要が出てきました。

たとえば、以前サロンのトイレには、たくさんの小さいミニタオルを畳んで入れたカゴと、その横に使い終わったタオルを入れるカゴの2つを置いていました。私自身が人が使った後のタオルは使いたくないと思うほうでしたので、1回使いきりにするために、この方法にしていました。

毎回たくさんのミニタオルを洗濯し、1枚1枚た

たむ作業を何とも思わずにやってきましたが、段々1日で来てくださる人の数が増えると、朝、カゴに入れる講座などをやることが増えると、10人近くが集まったタオルだけでは到底足りず、途中でタオルを補充しないといけない日も出てくるようになりました。

そこで、ミニタオルをやめて使い捨てのペーパータオルを置くようになってから、ミニタオルをたたむ時間を他に使うことができ、かなりの時間とエネルギーを節約することができました。

この例に限らず、おうちサロンを長く続けていくためには、「時間対費用」が見合っているかをジャッジする冷静な目を持つことも必要ですね。

「忙しい」の原因を立ち止まって考えよう

もしあなたが今、「時間が足りない！」と感じているなら、身近な行動に目を向けて「これは、私がそこまでの時間とエネルギーをかけることに値することかな？」と、立ち止まって見直してみましょう。思っているよりずっと多くの時間とゆとりが生み出されるかもしれません。

時短のアイデア

1. メールで個別連絡
   → 複数人への同じ連絡はBCCにして一斉メール

2. 手づくりお菓子でおもてなし
   → 市販のお菓子でおもてなし

3. タオルのおしぼり
   → ウエットティッシュ

4. 飲み物
   → ピッチャーやポットを用意してセルフで

5. カップやお皿
   → 大人数の時は紙コップや紙皿で

[その他の工夫]
・手の回らないところのお掃除は業者に依頼
・買い物は配達してくれる生協やネットショップを利用

POINT

時間は短縮しても自分なりのこだわりは大切に！
サロンで何を重視するかを考えると、
何がカットできるかが見えてきます。

例）高級感を大切にしているサロンであれば、紙コップを使うのはポリシーに反するため、人数が増えてもこだわりの茶器を使う、など

lesson 08 セルフメンテナンスでいつもベストコンディションに

会社勤めの場合、有給やシフト制などがあっても、勤務日と休日の大枠は会社で決められているところがほとんどだと思います。勤務日で会社にいるときは仕事、平日帰ってからと休日は自分のための時間と、区切りがハッキリしているので、「働く時間を自分で自由に決められない」というデメリットと、「プライベートと仕事との切り替えがしやすい」というメリットがあります。

ではおうちサロンはどうかというと、「働く時間を自分で自由に決められる」というメリットと、「プライベートと仕事との切り替えがしにくい」というデメリットがあります。

一見当たり前のことですが、会社勤めとおうちサロンとの違いを意識しないで仕事をしていると、いつしか生活と仕事のバランスが崩れるリスクが増えてしまいます。

勤務時代の私は、家でいつまでも仕事のことが頭から離れない……ということがなかったので、仕事とプライベートを分けて考えられるほうだと思っていました。ところが、自分でおうちサロンをはじめてみると、「趣味＝仕事」となり、お客様がお帰りになった後も、次の講座の準備や資料づくり、新しいメニューのアイデアの書き出し、サロンのサービス向上のための勉強など、寝る間を惜しんでまで仕事をするようになってしまいました。

お客様のためにも、セルフメンテナンスをしよう

いくら好きなことを仕事にしていても、休みなく体を酷使し続ければ、体がストライキを起こすのも当然のことです。

毎日頑張っている自分を労うのも、長くおうちサロンを続けていく上では大切なこと。時には、1日中ゴロゴロしたり、好きなことをしたり、好きな人に会う日をつくるなど、いつも頑張っている自分に、ちゃんとご褒美をあげてくださいね。

自分にご褒美をあげよう！

- 買い物
- 温泉
- ゆっくり読書
- エステ
- 音楽
- 映画
- 旅行
- カラオケ
- カフェランチ
- おいしいケーキ
- マッサージ

POINT

「心身を整え、お客様を最高のコンディションでお迎えするために休むことは必要」という意識を持って自分をメンテナンスする日を設けましょう。

part

9

おうちサロンを
続けていくために
必要な心構え

lesson 01 うまくいかないと感じるときは一度立ち止まろう

ここまでいろいろと実践的なことを書いてきましたが、努力しているのにもかかわらず「うまくいかないとき」や「悩んでしまうとき」というのはあるものです。私も、人からは「悩みがないでしょう」と言われたりするのですが、実は結構1人で悶々と悩むタイプだったりします。

お客様が来ない、やりがいを感じられない、人と比較して落ち込む、体調面で心配がある、家族関係で心配がある、何らかのトラブルがある……など、人によって「うまくいかない」と感じる瞬間は違うと思います。でも、「うまくいかない」と相談に見えた方や私自身の経験から、「うまくいかないとき」には共通点があると思います。それは、「自分ではなく他者に意識が向かっている」という点です。

「絶対」「してはいけない」「しなければならない」という言葉ばかりが浮かぶ「他者軸」のときには、いろいろな物ごとの流れが滞りがちです。こうなってしまったら、まず一番にすることは「軸のブレ」に気づくことです。

比べていいのは過去の自分

人の良いところを取り入れるのは良いことですが、人と比べることで落ち込んでも、メリットはほとんどありません。なぜなら、状況も個性も才能も人それぞれなのですから。

比べていいのは「昨日の自分」「1年前の自分」「昔の自分」だけです。「昨日より成長しているかな?」「1年前の自分に胸を張れるかな?」など、自分との比較は成長を促します。「うまくいかない」と感じながら、あわてて誰かの真似をしてみたり、焦って何かをはじめたりするのは、時として、さらに傷を深くしてしまいます。

そんなときは一度立ち止まり、周りの人や環境のせいにしたり、人目を気にすることはやめ、「自分の内側」に意識を向けて、本当はどうしたいのか、胸に手を当てて問いかけてみてください。

他者軸チェックシート

- □ 自分がうまくいかないことを状況や人のせいにしたくなる
- □ 人からどう思われているかがいつも気になる
- □ 他人と比べて嫉妬したり優越感を感じることが多い
- □ ちょっとした他人の言動に感情が刺激される
- □ 自分とは合っていない「誰か」の真似をしようとする
- □ 人と一緒にいると疲れる
- □ 「○○しなければならない」「○○していれば」という「ねば」「れば」言葉がたくさん浮かぶ
- □ 悲観的になり「起こってほしくないこと」ばかりを考える
- □ 「自分のため」に時間やお金を使うことに罪悪感を感じる

POINT

上記が1つでも当てはまるようなら、自分ではなく他者に意識が向かっているかも。まずは好きな過ごし方をして自分を満たしましょう！

lesson 02 「自分会議」を開こう

「軸のブレ」に気づいて立ち止まることができたら、今度は「他者軸」から「自分軸」に戻すための「自分会議」を開きましょう。

「自分会議」は、次のような手順で行ないます。

① うまくいっていない事柄を書き出す

ここでのポイントは、理由や既成概念にとらわれず、淡々とうまくいっていないと感じることを書き出していきます。

② ①に矢印を書き、どうなってほしいかを書き出す

人に見せるものではないので、正直に、なってほしい状態を書きましょう。

③ ②になるのを阻害している原因を書き出す

④ ③を取り除く方法、調整する方法を思いつく限り書き出す

・○○がなくなれば解決する

・○○が反省してくれれば解決するなど、「他者」のせいにするような答えは何の解決にもなりません。

・○○面でのアプローチをしてみる

・週に１回○○について考える時間を30分取るなど、「自分が問題解決のためにできること」という視点で書き出しましょう。

③がなくなり、最高にうまくいっている状態をイメージしてみて、そこでもネガティブなイメージが浮かんだら③に戻って、すっきりポジティブなイメージになるまで繰り返しましょう。

自分会議で流れを良くしよう

「自分会議」をして「他者軸」から「自分軸」に戻ると、悩みの解決法が見つかったり、新しいアイデアが浮かんだりと、流れが良くなるのを感じるでしょう。

「自分会議」のイメージをするときに、尊敬している人や歴史上の偉人などを登場させると、新たな突破口が見えてくることがあります。

自分会議をしてみよう！

POINT

自分だけでなく、
「○○さんだったらこんなときどんな行動を起こすかな」と、
イメージしてみましょう。
思ってもみなかった解決法が浮かぶかもしれませんよ！

lesson 03 自分自身を受け入れよう

自分を受け入れることは、誰にとっても大切なことではないかと思います。これは「○○ができるから自分はすごい」などの出来事や評価とは全く関係なく、「ただ受け入れる」ということです。

人は自分を受け入れられた分だけ人を受け入れることができるので、短所も含めた自分を受け入れるほど、人のことも許し、受け入れることができるようになります。逆に、自分を受け入れてくれない人は「あなたを受け入れてくれない人」ばかりを引き寄せることになってしまいます。

思い込みは手放せる

以前、サロンに来てくださった相談者様に、ご自分に厳しく、「できる方」という印象のKさんという方がいらっしゃいました。Kさんのご自分への評価はかなり低いようにお見受けし、会社での人間関係がうまくいっていないとのお話でした。カウンセリングの中で「完璧でなければ許されない私」という幼少期に植えつけられた間違った思い込みがわかりました。数回のカウンセリングを通して、「完璧でなくても、そのままで愛される価値のある私」という意識に変わってくるに従い、とても柔らかい表情になり、「周りの人たちが優しくなった」とお話ししてくださいました。Kさんがご自分を受け入れ、ご自分に対して優しい目で見られるようになった結果、周りの人に対する態度が変わり、周囲の人も優しく接してくれるようになったのです。

過去は今から変えることができませんが、そのときの間違った「思い込み」は手放すことができます。

自分自身を受け入れられている人は、何とも言えない「穏やかさ」「落ち着き」「受け入れてくれる優しさ」といった心地良い雰囲気をまとっています。サロンオーナーには、お客様に「安心して過ごしていただき、満足感を感じていただく」役割があります。その役割を果たすためにも、不要な思い込みを解放し、自分を受け入れるようにしましょう。

自己肯定感UP法

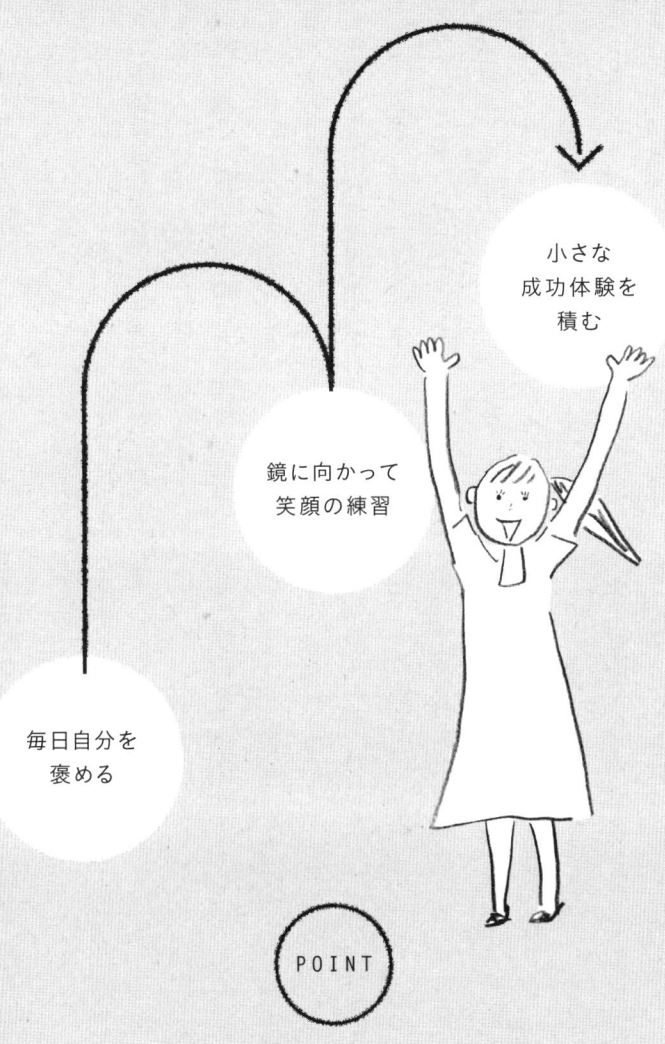

小さな成功体験を積む

鏡に向かって笑顔の練習

毎日自分を褒める

POINT

心からの笑顔と感謝の言葉が人を魅了します！

lesson 04 自然に良いお客様が集まってくる方法

よく「あの人とは波長が合う（波長が合わない）」と言いますが、人には個々特有の波長があります。

それぞれの波の高さ（長さ）が近い人を「波長が合う」と感じ「一緒にいることが心地良い」と感じやすくなる傾向があります。

近い波長を持っている人や出来事が自分の周りに集まることを「波長の法則」と言います。日本には「類は友を呼ぶ」ということわざがありますが、これも「波長の法則」ということを表わしています。

自分の周りの人や、最近出会う人を見ると「今の自分の波長」がわかります。

魅力的な人とばかり出会うようでしたら、自分が魅力的になってきた証拠ですし、怒りっぽい人とばかり出会うようなら、自分の中に怒りの感情が渦巻いているのかもしれません。

波長の法則で、来てほしいお客様に出会おう

サロンに来てくださったお客様も出来事も、すべては波長の法則によって「あなたの波長が引き寄せた」結果です。

波長の法則を活用すると、自分が出会いたい人と縁をつくることができます。

・優しい人と出会いたかったら、自分が優しい気持ちでいるようにする
・穏やかな人と仲良くなりたかったら、心を平和に保つようにする
・活動的な人と出会いたかったら、自分もいろいろなことに挑戦してみる
・ポジティブな言葉を発するようにしてみる

など、出会いたい人、仲良くなりたい人をイメージして、まずは自分がそうなってしまうのです。

その行動や言葉が意識しなくても自然に出てくるようになったときには、きっとあなたの近くには素敵なお客様がたくさん集まっているはずです。

168
part9

波長の法則

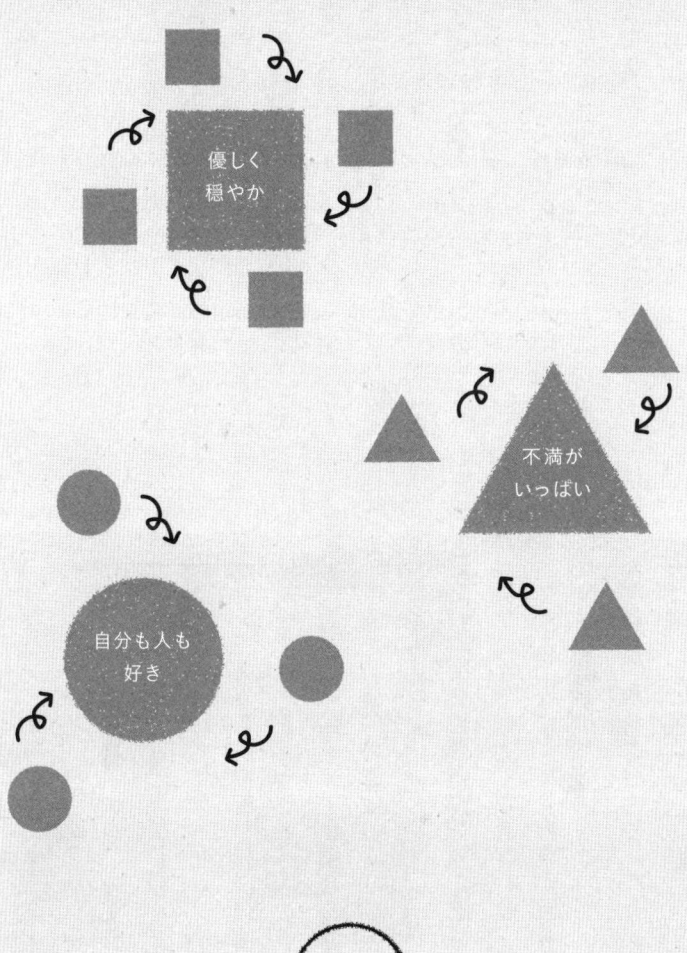

優しく
穏やか

不満が
いっぱい

自分も人も
好き

POINT

近くにいるのは同じ波長の人!

lesson 05

「ありがとう」の気持ちを伝えよう

偉人伝や、成功者の手記などを読むと、そのほとんどに「感謝することの大切さ」が書いてあります。当たり前のようなことなのに、形を変えて何回も登場するということは、「成功」と「感謝」が切っても切り離せない関係だからではないでしょうか。

すでにお伝えしたように、「成功」＝「お金がたくさんあって仕事がバンバンくる状態」ではありません。自分の望む状態が叶えられ、自分も周りも幸せな状態を「成功」と言うのだと思います。

仕事がうまくいっても家族とうまくいかなくなったり、無理しすぎて体を壊してしまったとしたら、いくら金銭的に豊かになったとしても「幸せ」とは言えません。

感謝を忘れずに、成長していこう

古代中国から伝わった陰陽思想の中に、「陰陽転化」という言葉があります。今現在、闇（陰）の中に身を置いているとしても、闇の中の一筋の希望という光（陽）を見失わなければ、一瞬で陽に転ずることがありますし、今、光の中に身を置いているとしても、その中の闇を忘れ、奢り高ぶる感情に支配されてしまえば、一瞬で陰に転ずることもあります。

「好き」を仕事にしているサロンオーナーも、普段、当然のようにある出来事や状況に関しては、時として感謝を忘れてしまうこともあるでしょう。

私の周りの、幸せオーラ溢れる素敵なサロンオーナーの方たちは、一緒にいると「ありがとう」という言葉をたくさん口にしています。身近な存在や、何気ない出来事にも感謝できる感性を持っている人は魅力的です。魅力的な存在には、光に生きる存在が集まってくるように、多くの人が引き寄せられます。

ぜひ、家族や友人などの身近な存在、そして大切なお客様に、勇気を出して「ありがとう」と伝えてください。

きっとあなたが発する明るい光に引き寄せられ、たくさんの人が集まってくることでしょう。

「ありがとう」を言うたびに運気UP！

POINT

勇気を出して「ありがとう」を伝えると、
自分も相手も幸せになります！

Interview

巻末
付録

―

「おうちサロン成功のヒント」
インタビュー

Interview

01

＼先輩に聞く！／

本格的な石鹸づくりが
体験できる

「ココハピ」

オーナーＡｓａｍｉ☆さん

ココハピ
http://ameblo.jp/coco--happy/

——「ココハピ」はどんなサロンですか？

サロンのメインは石鹸づくりで、石鹸を自分でつくってお持ち帰りいただく、体験型ワークショップを開催しています。
他にも、アロマやハーブ植物を使った、女性の美と健康のためのアイテムのつくり方を指導したり、相談に乗ったりしています。

——「おうちサロン」という選択をした、一番の理由は何ですか？

もともと敏感肌で悩んでいた時代が長く、何とか改善しようと、お給料の半分はコスメに費やすほどのコスメマニアでした。いくら高いコスメを買っても、ほっぺたがいつも真っ赤でかゆい状態はなかなか改善しませんでした。
あるとき、植物を使ったコスメに触れる機会があり、それをきっかけにアロマテラピー、ハーブ療法、漢方などを学ぶ中で、人の身体のしくみ、自然の力、中から改善することの大切さなどを知りました。
コスメも自分でつくれることを知って、つくりはじめると、すっかり手づくりコスメの魅力にはまり、「この楽しさを人に伝えないのはもったいない」と思うようになりました。
最初は、私がつくったコスメや石鹸を友人にプレゼントしていたのですが、それを使った友人から、「つくり方を教えてほしい」と頼まれるようになったのが、サロンをはじめるきっかけです。

——「おうちサロンのオーナー」という仕事の魅力は何ですか？

自分の好きなことを、心から楽し

んでやることで人に求められたり、喜ばれるようになることの充実感、喜びは、「おうちサロン」をはじめたことで知ることができました。

また、会社に所属していたときは、ひらめきで内容を変えたり、何かをプレゼントにつけたりなど、自由に変えることは許されませんでしたが、今は、そのときのお客様の反応によって、お伝えする内容を決めたり、季節ごとのサプライズを用意してみたりと、臨機応変な対応ができます。

「おうちサロンのオーナー」には、「自分の伝えたいことを自由に表現する場」があるのが大きなメリットです。こだわりたいと思えば、自分が納得するまで、とことんこだわることができる、その自由も魅力ですし、自由であるからこその責任や気づきも多く、自分の成長を感じ

——好きなことを仕事にした今、幸せを感じる瞬間はどんなときですか？

子どもの頃のように、夢中になって、何かに没頭すると、緊張がほぐれて、肩書きや思い込みなどで見えなくなっていたものに、気づけることがあります。お客様が、石鹸づくりを通して自分と向き合い、本来の自分らしさを取り戻したと実感できたときに喜びを感じます。

——読者の皆さんにメッセージをお願いします！

人と比較して「こうあらねば」という思いを抱く必要はなく、「自分の目的」「本当にやりたかったこと」を時どき思い出すようにするといいですよ。何より、自分が楽しむこと を大切に！ 自分が楽しむと、周りにもその楽しさは不思議と伝わるものです。

——おうちサロンをやるときに心がけていることは何ですか？

自分のできる範囲からやり、人数、日程、内容などは、少しずつ広げていくようにしています。

自分のできること・できないことを理解した上で、今必要なことを学

られるお仕事だと思います。

んだり、小さなチャレンジを続けることで、お客様に満足していただけるものを提供でき、自分も成長していくのだと思います。

175

巻末付録——「おうちサロン成功のヒント」インタビュー

Interview 02

\ 先輩に聞く！/

アートとカラーの
おうちサロン

「月うさぎの家」

オーナー　齋藤真弓さん

月うさぎの家
http://ameblo.jp/tsuki-usagi8/

——「月うさぎの家」はどんなサロンですか？

自宅で、子どもから大人までに、「パステル和（なごみ）アート」という手法の絵の描き方を教えたり、TCカラーセラピーのセッションなどをしています。

また、子ども対象として、月に平均12回の絵画教室を開き、大人対象として、幼稚園の親支援のワークショップや資格講座を開講しています。

——時間や気持ちの切り替えはどうしていますか？

時間面では、平日の14時頃までは幼稚園勤務、午後と土日限定でサロンを開いています。

気持ちの面では、幼稚園を出るときに切り替えるようにしています。幼稚園とサロンを両立させるようになってからのほうが時間に余裕があった頃より、次のことにすぐに意識が向くようになったり、入浴中や移動中なども有効に使えるようになりました。

また、夜12時以降は仕事をせず、終わらなかった仕事は朝に回すようにしてから、さらに面白いアイデアが浮かんだり、効率良く仕事ができるようになりました。

——サロンオーナーとして心がけていることを教えてください。

カラーセラピーと恋愛相談を組み合わせたり、絵画教室に「ほめほめワーク」という、自分や相手の良いところを発表するワークを取り入れたりすることで、リピーターとクチコミ率が上がったことから、「ここでしか得られない独自のメリット」を打ち出すように工夫しています。絵画教室というと、技術に走りが

ちなところがありますが、技術は教えながらも、「楽しさ」や「自分に対する自信」「周りへの感謝」「心」を伝えることを重視しています。

今も週に一回ペースで通ってくれている小学生の教え子たちは、最初は、幼稚園後の習い事として通ってくれていました。ずっと継続してくださっている理由をお母様方に聞いたところ、

「子どもが帰ってくると、毎回、楽しかったと言って、教室であったことをうれしそうに話してくれるんです。日常の中で『ありがとう』という言葉が自然に出てくるようになったのもうれしい変化のひとつで、子どもの心の成長のためにも通わせ続けたいと思っています」

と言ってくださったことがありました。ただ絵の技術を伝えていただけでは、こんな風に言っていただけることも、環境が変わっても通い続けてくださることもなかったと思います。

思ったように進まないこともあると思います。でも、新しいことににチャレンジしたり、頑張ってみると、一歩踏み出せた自分や、頑張った自分のことが、それまでよりも好きになれるはずです。

特に、おうちサロンをはじめたばかりのときは、断られたり、集客できない日が多いかもしれません。でも、必要以上に落ち込まず、現状を受け入れて、どうすればもっと良くなるかを考え、「気づけたこと」をプラスにとらえてください。

いつも上を目指す気持ちを持ち続けることで、昨日より今日、今日より明日……と、サロンも自分も成長していくことができますよ！

――好きなことを仕事にした今、幸せを感じる瞬間はどんなときですか？

子どもの柔軟な発想に触れたときや、悩んでいる人が、来たときよりも明るい表情で帰ってくれたとき、子どもの言葉で、物事を複雑に考えていたことのシンプルさに気づかせてもらえたり、お客様の反応で、湧き上がるような喜びを感じたりと、お客様からたくさんの幸せをいただいています。

――読者の皆さんにメッセージをお願いします！

おうちサロンをやっていると、

Interview

03

＼先輩に聞く！／

芯から美しいを目指す

「Body Deco Salon bloom」

オーナー　飯塚みどりさん

Body Deco Salon bloom
http://ameblo.jp/mikanmikan26/

——「Body Deco Salon bloom」はどんなサロンですか？

ボディアート（体の一部にペイントするアート）や、ボディメイキング（骨格矯正）、マインドブロックバスターや数秘学（ヒーリング）を中心に、芯からの美しさを提供するサロンです。

サロンは、自宅と出張の2本柱で活動する他、イベントに積極的に参加したり、自分で企画したりしています。

——イベント参加のメリットとデメリットについて教えてください。

イベント参加のメリットとしては、

・たくさんのお客様を相手にする機会が増えるため、自分のスキルアップにつながる
・自宅はムリでも、イベントであれば、1日に大人数のお客様に対応できる

などが挙げられます。

デメリットとして考えられるのは、

・小規模のイベントだと、広告宣伝などの集客が自分の肩にかかってくるなど、大変な場合もある
・会場は相場が一人6000円〜の参加費の他、イベントによっては、別途テーブルや椅子のレンタル代、電源使用料は別のためあるため、収入が少ないと赤字になることもある（2人でブースを半分ずつ使うなど、1ブースをシェアすることが多い）

——イベント参加のメリットとしては、
・広く知っていただくことができる
・サロンオーナー同士の仲間づくりができる
・次のイベントなどの、情報交換が

178
Interview

・イベント会場によっては、間仕切りができないことがあり、施術系は厳しいこともある（服を着たまま受けられる、ヘッドスパやハンドマッサージなど、メニューを工夫する必要がある）

——イベントに出展するときの注意点や心構えを教えてください。

イベントは、そこでの収入を重視するよりは、「知っていただくため」の「体験」「お試し」の場ととらえ、興味を持ってくださった方がおうちサロンにいらっしゃるための「入り口」と考えましょう。

自分のサロンのチラシや名刺を用意して、イベントに来てくださった方にお渡しすることで、おうちサロンの集客につながります。

また、イベントメインでやる場合は、一つでもよいので、定期的に出展するところをつくったほうが、信頼関係を築きやすく、リピートにつながりやすくなりました。

イベントの規模や性質によって、宣伝をどの程度主催者がやってくれるかは大幅に違います。事前によく調べてから申し込みましょう。中には、自分が提供しようと思っていたメニューの出展は禁止されているという場合もあります（音や香りが出るものなど）。

——サロンのコンセプトやメニューはどうやって決めましたか？

以前から、漠然と「美に関するサロンにしたい」と思っていましたが、おうちサロンプロデュースのセッションの中で、「その場限りや、2・3日で戻る美しさはいや」→「その場限りではない美しさを提供したい」→「心も身体も、芯からの美し

さを目指すサロンにしたい」と、自分が本当に望んでいることが明確になりました。

メニューは、そのコンセプトに合わせ、心と体と気を整えることができ、家に帰ってからも自分で維持できるものを中心に、自由にカスタマイズできて、一律○円、といった形で、段階ごとの料金に合わせたプランを用意しています。

——読者の皆さんにメッセージをお願いします！

はじめは自信がないのは誰でも一緒。どうしたい、どうなりたいかを明確にし、自分の気持ちを整理して、覚悟を決めてからスタートするとい

Interview 04

\ 先輩に聞く！/

シェアサロン運営・
ロミロミ＆リフレ

「シェアプレジャー」

石倉里江子さん

シェアプレジャー
http://ameblo.jp/iwalani-178/

——おうちサロンからシェアプレジャー運営に至ったきっかけを教えてください。

12年間、飲食のフランチャイズをしていたのですが、そのときに体を壊し、オイルマッサージに通うようになりました。その中でハワイの「ロミロミ」に出会ったとき、体だけでなく、心も癒され、すっかりはまってしまいました。
自分でもロミロミの資格を取得し、飲食の仕事と両立してロミロミの提供をし続けた後、子どもの独立をきっかけに、おうちサロン一本に絞りました。
おうちサロンから、シェアサロンを運営するようになったきっかけは、同じように自宅でサロン運営をやっているものの、集客がうまくいっていない人が多いことから、お互いに協力し合って盛り上げていきたいとの思いを抱くようになり、「歓びを共有する」という意味の「シェアプレジャー」をスタートさせました。

——どんなオーナーさんがシェアサロンを利用されますか？

悩みを仲間と共有し、一緒に頑張りたいと思っている方や、自宅でサロンを開くことをを家族に反対されている方、事情があってサロンを自宅で開くことができない方、おうちサロン開業前に試してみたい方、客層を広げたい方などがいらっしゃいます。

——シェアプレジャーの特徴を教えてください。

サロンオーナーは、一人で悩む方

ている立場の人がいるシェアプレジャーに来ることで、オーナー同士が悩みを共有したり、一緒にイベントをつくり上げて盛り上げたりと、協力し合うことができます。

また、時間貸しの、場所だけ貸すサロンではなく、皆が経営者の意識を持ち、集客も自分たちで頑張ることで、ピラティスのお客様がロミロミを、ロミロミのお客様がネイルを受けてくださったりと、集客・満足度の面で相乗効果が実感できています。お客様からも「ひとつの場所でいろいろ体験できる」とご好評いただいています。

——集客・運営がうまくいっているオーナーさんの特徴は何ですか？

結果が出なくてもくさらず、地道な努力を続けられる方が、半年後にしっかりお伝えすることで、次のご予約につながります。

期的な結果を手にしています。

逆に、人のせいにし、環境のせいにしてできる努力をしない方は、一時的にお客様が来ても、長期的なリピートにつながりにくいと感じます。

資格を取っておうちサロンを開いても、そのことを知ってもらわなければお客様は来ません。「自分はこれがやりたい！」という覚悟と信念を持ってチラシ配りや、声かけ、ブログの更新など、集客努力を続けられる人が、サロンを続けることができるのだと思います。自分が良いと思ったことに自信を持ち、志を高く持って行動している人は、自然とお客様がついてきています。

また、お客様にどんなメリットを受け取ってもらえるのか、それをしっかりお伝えすることで、次のご予約でいっぱいになったりと、長

私の場合は、ロミロミの施術が終わったら、お客様の今日の体の状態をお伝えするとともに、ロミロミを月に2回ほど受けることで、体に疲労物質をためず、心と体を、良い状態に整えておくことが容易になる」ということをお伝えしています。

——読者の皆さんにメッセージをお願いします！

失敗を怖がらず、その失敗から何かを学び、次につなげるようにしましょう。

一人で抜け出せないときには、師に仰いだり、志の高い人と行動をともにすることで、突破口が開けます。

Interview 05

愛され続ける サロンとは？

「TCカラーセラピー・TCカラーセラピスト」公式サイト
http://www.tccolors.com/

「TCカラーセラピー」代表　中田哉子さん

——愛され続けるサロンづくりに必要な要素は何だと思いますか？

2つの要素が必要ではないでしょうか。まずは、サロンのコンセプトが明確であることです。

そのサロンにとって理想的なお客様はどのような人なのでしょうか？　そして、お客様に、どのようになっていただくサロンなのでしょうか？

そのために、どんな特徴のあるサロンなのか？　など、お客様がサロンの情報を見たときに、「私のことだ！」と、共感していただけるような、しっかりとしたコンセプトを打ち出すことが大事です。

あれもこれも打ち出して、万人に受け入れていただくものよりも、専門性を持って、ターゲットを絞り、「行ってみよう」と思っていただくようにしましょう。

また、気に入ってくだされば、必ずご紹介いただければ、長くお付き合いしていけるはずです。

もうひとつは、「また行きたい」と思っていただくためには、そこへ行くことが "クセ" になってしまう何かが必要です。

サロンオーナーのきめ細やかな愛情なのか、施術者のゴッドハンドなのか、非日常を味わえるゆったりした空間なのか、そこに集まる人たちとの交流なのか……。

何かしら、クセになってしまうらいの「感動」や「満足感」が不可欠となります。

——集客・運営がうまくいっているサロンオーナーの特徴を教えてください。

お客様にサロンのファンになっていただく

一言で言うならば、人間として魅力が感じられることではないでしょうか。

あなたは、どんな人に魅力を感じますか？

また、あなたのどんな魅力に、あなたのことが好きな人は惹かれるのでしょうか？

きっと、それが強みではないかと思います。

そして、ブレないポリシーをしっかり持っていて、ワクワクするようなビジョンを持っている人です。

うまくいっている人は自信に満ちています。その自信とは本物の自信です。今まで、そこに辿り着くまでの努力や、思考錯誤があって、乗り越えてきた自信です。

そのためには、自分を誤魔化さないことです。

人からの賞賛によるものではなく、積み上げてきた結果、内側から湧き出てくる自信を身につけましょう。

なもの、たとえば、施術後に出される素敵なティーカップとスイーツが毎回の楽しみになれば、きっと写真に撮ってアップしてくださり、素敵に伝わることでしょう。

――クチコミされるしくみづくりや伝え方について教えてください。

お客様の悩みが解消されて、喜んでいただければ、自然にクチコミは広がります。

人は誰でも誰かの役に立ちたい欲求を持っています。自分がどんな施術を受けて、どうなったのかをそのままリアルにお話しするのがお客様です。

友達が、良かったとすすめてくれたら、行ってみようかなと思いますよね？

これがブログやSNSをやっている人だったら、ネット上で広がるわけです。

施術内容の良さはもちろんですが、思わず写真を撮りたくなるよう

――読者の皆さんにメッセージをお願いします！

サロンを経営する目的、そして人生の目的を明確にして、自分も家族もお客様も幸せになれることに集中すると、サロン運営がうまくいきますよ。

Interview

06

女性客に選ばれるオーナーとは？

恋愛アドバイザー　菊乃さん

ブログ「出会いは自分の努力でつくれるもの」
http://ameblo.jp/koakuma-mt/

——女性客に選ばれる人の特徴を教えてください。

女性と男性では、「モテる女性」の定義や、チェックポイントが違います。男性は、清潔感などのある一定ラインを超えていれば、流行や細かいところまで気にしない方が多くてます。それに対して女性は、肌艶が良く、センスがあり、ネイルや装飾品などの細部まできまっているか……など、細かくチェックする傾向があります。

女性向けのセミナーでは、「女性が考えるモテる人」でないと、説得力がありません。女性客相手の場合は、自身の肌や髪をきれいに保つ日々の努力の他、ネイルや服装などにも気を配りましょう。

全く同じ能力の2人がいたら、選ばれるのは「印象に残るきれいな人」ではないでしょうか。

声と表情も大切です。声は、よく通る聞きやすい声が、人に好かれ、注目して聞いてもらいやすいです。イメージとしては、後ろに声を響かせるように話すとよいでしょう。

う。表情は、サロンオーナーの場合は「幸せに見える」ことが必須です。肌艶や血色が良く、笑顔が素敵な人は、幸せに見えます。

——オーナーとして成功するためにできることは？

「わかること」と「できること」は違います。知識が感覚になるまで、徹底的にやること。そのための努力をしたほうが結果が出やすいし、ずっと楽しいのです。

背伸びしないと会えない人に会いに行ったり、きれいを磨いたりするなど、自分を高めるための努力とともに、ブログを毎日、客層に合った時間に更新したり、集客につながる文章の書き方を学んだりと、今、自分にできる努力を徹底的に続けましょう。成功はその先にあります。

Interview

07

お客様に選ばれるコミュニケーションとは？

コミュニケーションデザイナー　吉田幸弘 さん

リフレッシュコミュニケーションズ
http://ameblo.jp/arrows77/

――「また会いたい」と思ってもらう人になるためのコミュニケーションについて教えてください。

コミュニケーションが苦手だと思っている人の中には、人と接するとき、「何かうまいことを言わなくては」と、焦ってしまう方がいらっしゃいますが、コミュニケーションで大切なのは「聴くこと」です。自分からムリに話そうとせず、相手の話をしっかり聴くことに重きを置きましょう。

基本的には、まず、相手の話すことをあいづちを打ちながら受け入れ、それに対しての同意や質問など一言返すようにします。タイミングの良いあいづちの他に、目線を合わせる、話のスピードを合わせる、笑顔でいるなど、話しやすい状態をつくること。

そういった「あなたの話に興味を持って聴いていますよ」というサインを送ることで、相手も安心して話すことができます。

自分に興味を持ってくれて、じっくり話を聴いてくれる人に対しては、ほとんどの人が好感を持ちます。「自分が」よりも「相手が」話しやすい状態をつくることで、結果的に「また会いたい」と思ってもらえる関係づくりにつながります。

――接客においてのコミュニケーションで注意することは何ですか？

お客様に対して、否定語は極力使わないようにしましょう。否定は不信感につながります。

具体的には、「でも」「だって」「どうせ」「だけど」などの否定語は避けましょう。

そして、お客様との別れ際には、次の予定についてお話ししたりと、未来が楽しみになるような言葉と笑顔を心がけてください。

185

巻末付録――「おうちサロン成功のヒント」インタビュー

Interview 08

サロンオーナー成功の秘訣とは？

「夢を叶える宝地図」提唱者　望月俊孝さん

「宝地図」公式サイト
https://www.takaramap.com/

――集客・運営がうまくいくためのポイントを教えてください。

集客に時間と手間がかかっていた昔に比べ、今は宣伝媒体がたくさんある時代です。フェイスブックやブログ、メルマガなどを使うことで、サロンに足を運んでもらうきっかけをつくることができます。

人は体験しないと、それが自分にとって良いのか悪いのかわかりません。相手と会ったり、遊びに来てもらう機会がなければ、いくら高いスキルを持っていても、宝の持ち腐れです。

まずは、ネットやリアルで「価値ある情報」を提供して信頼されるのが先。相手が興味を持ってくれた頃、「体験をご希望の方はこちらで」と、体験型講座やセッションの案内をするようにしましょう。割合は情報提供「8」に対して告知宣伝が「2」です。

出会った人に、いきなりセールスする人はきらわれ、結果が出ません。まずは、フェイスブックのお友達申請など、ハードルの低いところでOKを取り、会話の中で、相手が興味を持ったら、「普通は5000円だけど、一度だけ3000円で」など、お得感のあるお誘いをすると、次につながりやすくなります。

――「おうちサロンをはじめたいけど、失敗が怖い」と思っている方にアドバイスをお願いします。

おうちサロンをはじめようとするときに、躊躇する原因になりがちなのが集客です。

集客は運命の人と出会うための大切なプロセスです。10人中9人に断られてやめたら、あなたが提唱していることで救われる人に出会えない

「おうちサロン」は、最も長く続けやすいライフワークです。実績のあるもので独自性を出し、「オンリーワン」になれるジャンルを目指しましょう。

たとえば、私がお伝えしている「宝地図」の生徒も、「ダイエット宝地図」「合格宝地図」など、オンリーワンをつくっています。

オンリーワンは「なる」ものではなく、「つくる」もの。あなたのおうちサロンのオンリーワンをつくりましょう。

―― お客様にファンになっていただくための心がけは何だと思いますか？

ネットやメールなどで、「接触頻度」を増やすことです。

私は、セミナーにお申し込みくださった方には、2週間前からのプレメールと、2週間後までのアフターフォローメールを送ります。この情報提供とサービスで、お客様が喜び、期待感が増すので、キャンセルもなくなります。

「ここまでしてくれるの」というところまで相手にすることで、信頼関係を築くことができます。信頼関係を築くことができたら、ファンになり、その相手を選ぶようになります。

―― 読者の皆さんにメッセージをお願いします！

のです。

あなたのやっていることで救われる一人のためにでも、アフターファイブからでもよいので、はじめることに意味があります。

独立したら、片時も仕事のことは忘れられません。そう思えば、本当に好きなことであれば、お勤めしながらでも土日やアフターファイブでも働けるでしょう。

私も、セミナー会社勤務時代、ほぼ休みがない状態で、たまの休みは自分でセミナーを開催したり、そのための勉強をする日々でした。

あるとき、疲労がたまり、休みには全く予定が入れないでいたら、元気になるどころか、かえって疲れてしまいました。多少忙しくても、心から好きな仕事なら、かえって働くことで元気やエネルギーが湧いてきます。

おわりに ――「大好き」を仕事にしよう！

いよいよ、この本も最後となりました。ここに到着するまで、長らくお付き合いください、本当にありがとうございます！

最後には、この本で一番お伝えしたかったことを書こうと決めていました。

「好きを仕事にする」。人によっては「そんな甘いことを言っていたら、世の中渡っていけない」「理想論で現実的ではない」と思われる方もいらっしゃるかもしれません。

それでもお伝えしたかったのは、「個人が心から良いと思えること、好きだと思えることを仕事にすることが、周囲の人たちの幸せにもつながっていく」と信じているからです。

私たちの中には、「とにかく安全に過ごせるように」「危険を冒さないように」と考える自分がいます。逆に、「何だかわからないけどワクワクする」「とにかくやってみたい」と理由がはっきりしないのに、突き上げられるような衝動に従おうとする自分もいます。

私がサロンを開く前、「もっと好きなことしたい！」「出会った人にこれを伝えたい！」という気持ちがどんどん膨れ上がっていった時期がありました。でも、もう1人の私は「そんなこと言っても人脈ないし」「そんなにうまくいかない」「収入が不安定になるよ」という現実的なことを考えていました。行動を起こしたくてうずうずしている私と、慎重な私、どちらの私も納得させる方法が「おうちサロン」だったのです。

「仕事は続けたまま、新しい場所は借りずに、お客様は来ても来なくてもOK」の状態からスタートしたサロンだったからこそ、変な気負いがなく、心から楽しんでお客様に接

ることができました。そのワクワクした気持ちがどんどん人から人へと伝わり、今のこの素敵なご縁を引き寄せてくれたのだと思っています。あのとき、「もっと好きなことをしたい！」という自分の気持ちに気づかないふりをしたり、リスクを全く考えずに、お金のゆとりがない状態でのサロン経営をはじめていたら、今のこの幸せはなかったでしょう。

ここまでお付き合いくださったあなたは、少なからず「おうちサロン開業」に興味を持っていらっしゃる方だと思います。本を読むこともイメージすることも、未来へ向けての大きな「一歩」となります。縁あってこの本を読んでくださったあなたが、「大好き」を仕事にして、幸せな笑顔に溢れる毎日を過ごしてくださることを心からお祈りしています。

最後になりましたが、ご多忙の中、本書のインタビュー記事に、快くご協力くださった皆様をはじめとし、この本の出版にさまざまな形で携わってくださった皆様、ありがとうございました。また、私のサロンに通ってくださっている生徒様、いつもさまざまなヒントと優しさをありがとうございます。温かい人たちに囲まれている私は、幸せ者です。

そして、千葉県の小さなおうちサロンで毎日お客様をお迎えしている、無名の私に出版の機会を与えてくださった同文舘出版の古市達彦編集長と、いつも的確なアドバイスをくださった担当の戸井田歩さん、本当にありがとうございました。

最後に、自問自答しながら悩んだとき、大きな決心に心が揺れ動き、自信をなくしたとき、どんなときも変わらず側にいてくれた家族に、心からの「ありがとう」を贈ります。

二〇一三年九月　　　　　　　　　　　　　　　　　　　　　赤井理香

『はじめよう！おうちサロン』
ご購入の皆さまへ

本書をお買い上げいただきまして、ありがとうございます！
感謝の気持ちといたしまして、おうちサロン「ペールグリーン」の人気メニュー「数秘学鑑定」の中から、「サロンオーナーのためのあなたのウリを見つける数秘ミニ鑑定」をメールでプレゼントさせていただきます。
お申し込みくださった方には、引き続き、メールセミナー「幸運なサロンオーナーになる10の方法」をお届けいたします。

ご購入特典

① サロンオーナーのための
　あなたのウリを見つける数秘ミニ鑑定
② 全10回のメールセミナー
　「幸運なサロンオーナーになる10の方法」

メールで送付します

お申込方法

・お名前
・生年月日
・メールアドレス
・本書のご感想（一言でも頂けるとうれしいです）
をご記入の上、右のQRコードを読み取るか、
下記アドレスまでメールをご送信ください。

→ 赤井理香
info@ouchisalon.jp

※3日経っても返信がない場合、恐れ入りますが再度メール送信をお願いいたします。
※パソコンのメールアドレスでご登録いただくか、携帯の場合はinfo@ouchisalon.jpからのメールを受信できる設定にしてください。
※この特典は、予告なく内容を変更・終了する場合がありますことをご了承ください。

著者略歴

赤井理香（あかい・りか）

おうちサロン「ペールグリーン」オーナー、おうちサロンプロデューサー

幼稚園教諭、保育士、七田チャイルドアカデミーの講師と、長年幼児教育に携わる。現在は、おうちサロン「ペールグリーン」のオーナーとして、「人生を主人公として生きるための自信を持ちたい女性」の支援をメインに活動中。サロンでは、レイキ、アロマタッチなどのヒーリングメニューを提供している他、おうちサロンプロデュース、セラピスト養成講座、幸運手帳講座、数秘学講座など、おうちサロン開業のお手伝いや、講師育成も行なっている。セミナー講師やライターとしても活動しており、現在はコラムサイト「パピマミ」で子育てに関する記事を執筆中。

著書に『「最高の自分」を引き寄せる！ 幸運手帳術』（同文舘出版）がある。

おうちサロン「ペールグリーン」

■ HP　http://akairika.jp
※講演、取材、コンサルティング等のお問い合わせは HP まで
■ Blog　http://ameblo.jp/ukiukisuki
※新月の記事、セミナーのお知らせを掲載中
■ Facebook（赤井理香）　https://www.facebook.com/rika.akai358
※メッセージと一緒に申請してください

はじめよう！ おうちサロン
自分もお客様も幸せになる自宅サロン開業の教科書

| 平成 25 年 10 月 3 日 | 初版発行 |
| 平成 27 年 11 月 16 日 | 6 刷発行 |

著　者――赤井理香

発行者――中島治久

発行所――同文舘出版株式会社

　　　　東京都千代田区神田神保町 1-41　〒101-0051
　　　　営業（03）3294-1801　編集（03）3294-1802
　　　　振替 00100-8-42935　http://www.dobunkan.co.jp

© R.Akai　　　　　　　　　　　　ISBN978-4-495-52501-9
印刷／製本：萩原印刷　　　　　　Printed in Japan 2013

JCOPY 〈出版者著作権管理機構 委託出版物〉

本書の無断複製は著作権法上での例外を除き禁じられています。複製される場合は、そのつど事前に、出版者著作権管理機構（電話 03-3513-6969、FAX 03-3513-6979、e-mail: info@jcopy.or.jp）の許諾を得てください。

仕事・生き方・情報を DO BOOKS サポートするシリーズ

あなたのやる気に1冊の自己投資!

お客様がずっと通いたくなる小さなサロンのつくり方
エステ・アロマ・ネイルの癒しサロンをはじめよう

向井 邦雄著／本体 1,700円

お客様に喜ばれる小さな仕掛けをたくさんつくり、長く通っていただこう! 開業4年で売上7.5倍、リピート率9割を誇るサロンが、個人サロンだからこそできる開業、集客、固定客化のノウハウを公開!

はじめよう!「リラクゼーション」サロン
心と体を癒す、「また行きたい!」サロンのつくり方

吉田 崇著／本体 1,600円

オープンするときにやるべきことは? 来店したお客さんにまた来てもらうには? アロマ、岩盤浴、リフレクソロジー、マッサージ……「一人で始める小スペースサロン」から「大型施設のサロン」まで、安易な出店で失敗しないための「サロン開業・経営」のノウハウを教える1冊

はじめよう!小さな雑貨屋さん
自分らしいお店を楽しくつくる、ずっと続ける!

佐橋 賢治著／本体 1,500円

自分が一番輝くためには、自分の「好き」を仕事にすること。雑貨屋さんを開業して、利益を出しながら、お店を続けていくための「ちょっとしたコツ」を解説。雑貨店経営の基本が図やイラストで楽しく学べる

同文舘出版

※本体価格に消費税は含まれておりません